営業スキル
100の法則

基本を押さえて、確実に結果を出す

菊原智明
TOMOAKI KIKUHARA

こつじ ゆい [イラスト]

日本能率協会マネジメントセンター

はじめに

"トップ営業"と"ダメ営業"との差は
ズバリこれだった！

　数多くの営業本の中から本書を手に取っていただきまして、ありがとうございます。この本を読むことで"確実に結果が出るノウハウをマスターし、ライバルに差をつける"といったことが可能になります。ぜひ楽しみにしながら読み進めてください。

　結果を出す営業スタッフのやり方はいろいろありますが、共通しているのは"基本をしっかり押さえている"ということです。

　ほとんどの営業スタッフは営業の基本を学ばないまま営業活動をスタートさせてしまいますが、裏を返せば結果を出すための基本を学べば、嫌でも結果が出るということになります。

　営業で結果を出すためには、基本やコツがあります。本書ではそれをお伝えしますが、難しいことは何ひとつありません。できる、できないではなく、知っているか知っていないかの差でしかないのです。トップ営業スタッフに変わっていくか、それともダメ営業スタッフのまま苦しむのかは、これからのあなた次第です。

　本書で紹介している営業の基礎を学んでいただき、そしてそれを実行し、必ず結果が出る営業スタッフになりましょう。

営業コンサルタント／関東学園大学経済学部講師

菊原智明

　巻末に【読者限定プレゼント】を用意しております。
　こちらもぜひ参考になさってください。

はじめに……………………………………………………3

第1章 営業の基本・営業マナー

001 一瞬で好印象を与えるワザ
45度でお辞儀をし「1・2・3」とカウントしてから
頭を上げる …………………………………………… 16

002 一瞬で魅力度を上げるワザ
お客様に会う前に保湿クリームを顔にぬる …………… 18

003 お客様にポジティブなイメージを持ってもらえるワザ
雑談のネタを用意し、少しトーンを上げて伝える …… 20

004 ネクタイで印象を変えるワザ
青で誠実なイメージ、赤で情熱的なイメージを与える … 22

005 服装のセンスをアップさせるワザ
今日の服装の写真を送りアドバイスをもらう ………… 24

006 確実に誠実なイメージを勝ち取るワザ
男性はスーツ、女性は落ち着いた雰囲気の服装にする … 26

007 セルフイメージを上げるワザ1
お客様に好印象を与えられるアイテム　ベスト3……… 28

008 セルフイメージを上げるワザ2
1万円以上の手帳に買い替えてみる ……………………… 30

009 キチンと仕事ができるイメージを与えるワザ
提案資料とツールを"直角・平行"にキレイに置く …… 32

010 マナーの良さを伝えるワザ
足元を制する──靴と靴の揃え方に気を使う ………… 34

第2章 初対面・アポイント
取得のスキル

011 名刺交換で第一印象を良くするワザ
名刺交換ではフルネームとUSP（独自の強み）を伝える … 38

012 お客様と別れた後に印象を残すワザ
お客様とお会いしたら3分以内に2つのものを送る …… 40

013 お礼状を10倍効果的にするワザ
"顔写真＋吹き出しに手書きでメッセージ"で
お客様の心をつかむ ……………………………… 42

014 テレアポで"ガチャ切り"されないためのワザ
テレアポでは相手が一瞬で理解できるように名乗る …… 44

015 テレアポ攻略のワザ
留守番電話にしっかりとメッセージを入れておく ……… 46

016 チャンスを逃さず見込み客にするワザ
問い合わせがあったら"アポを取る"か"商品を提案する"
……………………………………………………… 48

017 仕事のチャンスをジワジワ広げていくワザ
機会があるたびに「○○の仕事をしています」と伝える … 50

018 リアルツールでお客様の心をつかむワザ
訪問、メール、SNSがダメならアナログツールで
アプローチする ………………………………… 52

019 メールのライティングスキルを短期間で上げるワザ
お客様に送るメールをBCC（ブラインド・カーボン・
コピー）で自分あてにも送っておく ………………… 54

020 一文でお客様の心をつかむ最強フレーズ
お客様に「休みの日でもお客様のことを考えてしまう
○○です」と伝える ⋯⋯⋯⋯⋯⋯⋯⋯⋯⋯⋯⋯⋯⋯ 56

第3章 お客様の気持ちをつかむ営業トークのスキル

021 ひと言でお客様をワクワクさせるワザ1
「月に一回多く家族で外食に行けますね」と
具体的メリットを伝える ⋯⋯⋯⋯⋯⋯⋯⋯⋯⋯⋯⋯ 60

022 ひと言でお客様をワクワクさせるワザ2
ビジョントークの割合で"50％越え"を目指す ⋯⋯⋯ 62

023 トークの信びょう性が一気に増すワザ
今使っているトークに"事例と証拠"をプラスする ⋯⋯ 64

024 一撃でお客様を納得させてしまうワザ
数字やデータより強力な「私も愛用しています」 ⋯⋯⋯ 66

025 いつでも新鮮な気持ちでトークできるワザ
お客様の興味ポイントに合わせて
トークをアレンジしていく ⋯⋯⋯⋯⋯⋯⋯⋯⋯⋯⋯⋯ 68

026 言い方の違いでお客様を納得させるワザ
この商品を購入するのは浪費ではなく
"財産""投資"と伝える ⋯⋯⋯⋯⋯⋯⋯⋯⋯⋯⋯⋯⋯ 70

027 私のことを理解してくれると思わせるワザ
知っていても思わず警戒心を解く鉄板トーク ⋯⋯⋯⋯ 72

028 短時間でお客様との距離を縮めるワザ
出会ったら5分以内にお客様の名前を5回言う ⋯⋯⋯ 74

029 先制パンチを軽やかにかわすワザ
「まだ先の話なのですが⋯⋯」と言われた時の対処法 ⋯⋯ 76

030 難しいお客様を攻略するためのワザ
「今日は買わない方がいいですよ」で売る ………… 78

第4章 商談をスムーズに
進めるためのスキル

---

031 集中して商談をするためのワザ
**商談前に「これから○○の話をし、50分後に終わります」
と伝える** ………… 82

032 スケジュール通り商談を進める最強のワザ
これぞ最強、"お品書き"で商談を進める方法 ………… 84

033 お客様から深く聞き込むためのヒアリングのワザ1
**ツールやテクニックより「心から知りたい」という
気持ちを持つ** ………… 86

034 お客様から深く聞き込むためのヒアリングのワザ2
**5W2Hを中心に、さらに根幹部分まで踏み込んで
ヒアリングする** ………… 88

035 ヒアリングで信頼関係を構築するワザ
"ヒアリング4ステップ"を回して信頼関係を深めていく … 90

036 お客様にウソをつかせないためのワザ
**正確な情報をつかむための
「必要なことだけ質問させてください」** ………… 92

037 要望を答えてくれないお客様から聞き出すワザ
**「これだけは避けたいことを教えてください」で
外堀から聞き出す** ………… 94

038 しゃべり過ぎを防ぐワザ
**伝えたいことを"ポストイット"に書いて
提案書を提出する** ………… 96

039 商談内容が何倍も理解しやすくなるワザ
商談の中に"予習と復習"を組み込んでみる ············· 98

040 優柔不断なお客様の商談をスムーズに進めるためのワザ
選んでもらう時は前もって絞り、二択で提案する ······ 100

第5章 確実に契約に導く クロージングのスキル

041 お客様の決断の引っ掛かりを取り除くワザ
**「手続きは簡単ですし、なんだったら私がやりますから」
と言う** ·· 104

042 声色で安心感を与えるワザ
ワントーン低い声でクロージングしてみる ············· 106

043 お客様の購買へのモチベーションを上げるワザ
**説得をするのをやめ「これについて知っていますか？」
と聞く** ·· 108

044 お客様が勝手に決断してくれるワザ
**お客様から「今、決めた方がいいね」と気づくように
誘導する** ·· 110

045 断られても気まずくならないクロージングのワザ
そっと背中を押す「先に進めていいですか？」 ········· 112

046 ライバル社にお客様を奪われないためのワザ
トップ営業スタッフは、最後に見積書を出す ········· 114

047 契約後にさりげなくアップセルするワザ
**お客様を安心させる「これを売っても私にはメリットが
ありません」** ··· 116

048 契約後のキャンセルを防ぐワザ
契約時は自信をもって「私にお任せください！」 ······· 118

049 商談に敗戦した時の復活のワザ1
断られたお客様に「こんな時はご相談ください」と伝える
······················· 120

050 商談に敗戦した時の復活のワザ2
お客様に断られてから三手打つ ······················· 122

第6章 アフターフォロー・紹介のスキル

051 契約後のキャンセルを防ぐワザ
契約が決まったら、お金をもらうか契約書にサインしてもらう ······················· 126

052 お客様の信頼を深めるアフターフォローのワザ
契約後のお客様に「今ここまで進んでいます」と連絡する
······················· 128

053 たった一言でお客様から好感を持ってもらえるワザ
商談中のお客様に"過去に買ってもらったお客様"とのやり取りを話す ······················· 130

054 お客様から紹介をもらうためのワザ1
「〇〇をやってみました」という動画を作って説明する ··· 132

055 お客様から紹介をもらうためのワザ2
大満足させると考えるのではなく、「お客様の期待を1%でも上回ればいい」と考える ······ 134

056 ご紹介いただいたお客様を高確率で契約するワザ
お客様に「〇〇のプロです」と紹介フレーズを伝える ··· 136

057 戦略的に紹介をもらうワザ
「質問→促し→依頼→メリット」といった紹介必勝パターンを考えておく ······················· 138

058 紹介数を劇的に上げるトークのワザ
出会った時に、「いい仕事をしますから友達を紹介して
ください」と伝える ・・・・・・・・・・・・・・・・・・・・・・・・・・・・・・・・・・・・・・ 140

059 紹介のチャンスを逃さないワザ1
いざという時にサッと出せる"紹介セット"を準備しておく
・・・ 142

060 紹介のチャンスを逃さないワザ2
紹介話がでたら「今、連絡を取ってもらってもいいですか?」
・・ 144

第7章 営業を効率化するための営業ツールのスキル

061 仕事を効率的に進めるワザ
使用頻度の高いツールに投資をする ・・・・・・・・・・・・・・・・・ 148

062 提案書作成時間を一気に短縮させるワザ
今日から作成した資料をきれいにファイリングしておく
・・ 150

063 他のお客様の事例を強力な武器にするワザ
リアルな事例を見せて「このような感じでしょうか?」・・・ 152

064 お客様を飽きさせず最後まで聞いてもらうワザ
長い説明より、わかりやすい資料を見せ「こちらです」・・・ 154

065 初対面の人にインパクトを与えるワザ
名刺とお礼状を2パターン用意する ・・・・・・・・・・・・・・・・・ 156

066 自分の手柄を他社の営業スタッフに持っていかれないためのワザ
お客様に渡す資料に"顔写真のメッセージ"をつける・・・ 158

067 会わずにお客様との距離感を縮めるためのワザ
私をトップ営業スタッフにしてくれた最強のツール
"営業レター" ··· 160

068 あなたのセルフイメージを上げるワザ
お役立ち情報を送れば「これで結果が出ないほうが
おかしい」と思える ··· 162

069 お客様の興味を引くためのワザ
見込み客に「買う前にこれだけは知りたかった」を伝える
··· 164

070 お客様からの反応率を上げるワザ
お客様を惑わせないようにオファーを明確に伝える ··· 166

第8章 クレーム・トラブルを チャンスに変えるスキル

071 お客様を一言で安心させるワザ
「私が窓口になって責任を持って対応します」と伝える ··· 170

072 クレームをスムーズに処理するためのワザ
クレームについて"3ステップ"ですぐに方針を決める··· 172

073 クレームの芽を摘むためのワザ
トップ営業スタッフは不安を先回りして解決している ··· 174

074 クレーマー的なお客様の怒りを鎮めるためのワザ
「詳しい状況をお聞かせください」と質問する ·········· 176

075 クレームで被る被害を最小限にするワザ
クレームが起こった時は「すべて自分のせいだ」と考える
··· 178

076 身近なスタッフを味方につけるワザ
顔を会わすたびに「最近調子はどうですか?」と声をかける
.... 180

077 先送りにせず最短でクレームを解決するワザ
「○○はできませんが、△△はできます」とはっきり伝える
.... 182

078 お客様と関係を深めるワザ
クレームが起こったら「絆を強めるチャンス」と考える
.... 184

079 チーム力を上げるためのワザ
クレームは「チームの結束を強くする」と考える 186

080 クレームでモチベーションアップする方法
クレームはヒントの宝庫と前向きに捉える 188

第9章 リモート営業のスキル

081 リモート商談に入る前に好印象を与えるワザ
リモート営業はファーストコンタクトのメールで決まる
.... 192

082 メールであなたの優先度を上げるワザ
お客様に送るメールに"役立つ情報"を追記する 194

083 お客様からの返信率を上げるワザ
**お客様に「この人からのメールは返信したい」と
思われるようにする** 196

084 リモート商談で正確に伝えるためのワザ
リアクションを2倍にし、話すスピードは0.9倍にする ... 198

085 お客様に好印象を与え、自分にも気合を入れるワザ
大事なリモート営業ではリアル以上に服装にこだわる … 200

086 あなたをイケメン・美女に変えるワザ
カメラ、照明、角度、背景で印象度を上げる ………… 202

087 画面オフで商談するお客様をリアルに感じるためのワザ
カメラ付近に写真や画像を貼って商談する ………… 204

088 お客様をスムーズに契約に導くワザ
リモート商談の秘訣は"シンプルに説明＋具体例＋明確に指示" … 206

089 お客様の気持ちをわしづかみにするワザ
デジタルツールとアナログツールをハイブリッドさせる …………………………………… 208

090 デジタルツールを使いこなすためのワザ
リモート面接は"デジタル・ディバイド"で差がつく … 210

第10章 メンタルタフネス・モチベーションアップのコツ

091 逆境を乗り越えるための考え方のワザ
ピンチの時は「よっし、これはチャンスだぞ」と、ニヤリと微笑む ………………………… 214

092 時間で失敗しないためのワザ
結果に対してはプラス思考、時間はマイナス思考 …… 216

093 敗戦から学ぶためのワザ
"敗戦から学ぶことの方が多い"と自分に言い聞かす … 218

094 短時間でスランプから抜け出すワザ1
状態が悪い時は"既に買っていただいたお客様"に電話をしてみる ………………………… 220

095 短時間でスランプから抜け出すワザ2
後輩が落ち込んでいたら、「大丈夫だ、何とかなる」と
言ってあげる ……………………………………………… 222

096 嫉妬心をきれいに消すワザ
思わず嫉妬するライバルの対処法 ………………… 224

097 商談で緊張しないためのワザ
ここ一番の商談の前に「緊張したほうがいい」と思う … 226

098 朝からモチベーションを上げるワザ
手帳かスマホに"いいことリスト"を作成する ……… 228

099 あなたの味方をどんどん増やすワザ
感謝は思っているだけでなく必ず形にする ………… 230

100 魅力的なオーラを出すワザ
どんな状況でも「もっと良くなりたい」と思って行動する
……………………………………………………… 232

おわりに ……………………………………………………… 234

第1章

営業の基本・営業マナー

この人なら
信頼できそう

45度でお辞儀をし「1・2・3」と
カウントしてから頭を上げる

　以前、先輩のコンサルタントの方から「お辞儀をしたら1・2・3と数えてから頭を上げるといい」と教えてもらったことがあります。それだけで与える印象が全く違ってくるというのです。

　これを実感したことがあります。

　ある講演会で話したスピーカーの方は、講演後にパッと雑に頭を下げて去っていきました。

　話自体は良かったものの「冷たい感じの人なんだろう」といった印象を持ったのです。

　悪気はなかったのでしょうが、ちょっと残念に思いました。

　お辞儀のやり方だけでマイナスイメージを持たれることもあります。

　その人を見てから、丁寧にお辞儀をするようになりました。

　営業スタッフでもパッと頭を下げる感じの人もいます。

　中には頭をほんの少しだけ傾けるだけでほとんどお辞儀しない営業スタッフもいます。

　せっかく丁寧に話をしても最後が雑だと印象が良くありません。

　こういった人は総じて苦戦しています。

　トップ営業スタッフはしっかりとお辞儀をします。

　車のディーラーのトップ営業スタッフは「お客様が車に乗って去るまで45度の角度でお辞儀をし続ける」と話していました。

　バックミラー越しにその姿を見たお客様は「本当に丁寧な人だ」といった印象を持つのです。

　トップ営業スタッフはこういった些細な行動も手を抜きません。

　だからこそ結果が出るのです。

　お客様を見送る際、まずは45度でお辞儀をしたら1〜3まで数えてからゆっくり頭を上げてください。

　それだけでお客様に与える印象がだんぜん良くなります。

　簡単にできてすぐに効果が実感できるテクニックです。

ワンポイントアドバイス
相手が見えなくなるまでお辞儀をする

一瞬で魅力度を上げるワザ

お客様に会う前に 保湿クリームを顔にぬる

　知人の紹介で営業スタッフとお会いしたことがありました。

　健康を促進するための器具やサプリメントなどの商品を扱っています。しっかりと挨拶ができて、いい感じの人でした。

　共通の話題もあり、すぐに打ち解けたのです。

　はじめはいい印象だったものの「この人からはあまり買いたくないなぁ」と思うようになります。

　その理由は肌が乾燥していて不健康そうに見えたからです。

　健康系の商品を扱っているにもかかわらず、不健康な雰囲気では説得力がありません。

　当たり障りなくお断りさせていただきました。

　もう少し健康的な雰囲気でしたら購入していたでしょう。

　"見た目が健康そうかどうか"ということは健康系の商品以外の商品を扱っている営業スタッフにも言えます。

　あなたが何か商品を検討するとして「いかにも不健康そうだ」という営業スタッフから話を聞きたいと思うでしょうか？

　よほどその会社の商品を希望していない限り「似たような商品があるし、他の会社にしよう」と思うものです。

　ハウスメーカーの営業スタッフ時代の上司は "お客様に会う前に保湿クリームをぬる" といったことを習慣化していました。

　その理由を聞くと「顔にツヤがあった方が好印象だから」と言います。

　時々ぬりすぎで顔がテカテカになっていることもありましたが。

　それはやりすぎだとしても顔にツヤがあったほうがお客様受けはいいのです。

　保湿クリームをぬってからお客様に会う。

　すぐにできるワザなので、ぜひすぐにお試しください。

ワンポイントアドバイス
クリームをぬって、鏡を見てからお客様に会う

雑談のネタを用意し、
少しトーンを上げて伝える

　人と初めて会ったとします。

　名刺交換をした後、緊張感を解くためにたわいもない雑談をするものです。

　いわゆるアイスブレイクです。

　天気だったり、出身地だったり、スポーツや趣味の話だったりと……。

　その雑談で「なんとなくこんな人なのでは」といった大まかな予想がつきます。

　また少し話すだけで「この人はポジティブな人だ」と思うこともありますし、その逆に「けっこうネクラなところもある」と感じたりもします。

　ちょっとしただけで"その人の人柄"が出るものです。

　その雰囲気によって「その後付き合おうか、これで終わりか」が決まることもあります。

　知人のトップ営業スタッフのこと。その知人は「雑談も準備している」といった話をよくしています。

　"この手のタイプの雑談をするとお客様からどういった印象を

持たれるか"ということを逆算して準備しているのです。

　その話を聞いて「さすが、だからトップの成績を残せるのだな」と感心しました。

　もしかしたらあなたはお客様とお会いした際「何も考えずに話をしていた……」と思ったかもしれませんね。

　お客様にどう思われるかを考えて雑談のネタを用意する工夫をするだけで、スムーズに商談に入っていけるようになります。

　雑談のネタもそうですが、話し方の雰囲気もまた重要です。

　先日お会いした女性の営業スタッフは軽く挨拶したあと少しトーンを上げて「今日は暖かい日になって良かったですね」と言ってきました。

　天気の話題で、ごくごく普通です。

　ただ、その明るい雰囲気の言い方で「ポジティブな人なんだろうな」といった印象を受けたのです。

　私はポジティブな人が好きです。少し話をしただけで、すぐに打ち解けました。

　そして気持ちよく契約をさせていただいたのです。

　まずはお客様がポジティブな印象を持つ雑談のネタを用意しましょう。そのうえで第一声のトーンを少し上げてみてください。

　その一言で「この人とはいい関係になれそうだ」と思ってもらえます。

ワンポイントアドバイス
喉ではなくお腹から声を出すイメージで

青で誠実なイメージ、赤で情熱的なイメージを与える

　スポーツの強豪チームの選手は、ユニフォームをカッコよくバシッと着こなしています。

　その姿を見て相手チームが「これは勝てそうもない」とおののくのです。

　その一方、弱いチームはユニフォームの着こなしがイマイチきまっていません。

　だから敵チームからなめられてしまうのです。

　営業スタッフにとってスーツは言わばビジネスという戦場を戦うためのユニフォームです。

　カッコよく着こなすか、だらしなく着るのかでお客様に与える印象が天と地ほども変わってきます。

　そんなスーツの胸元を演出するのがネクタイです。

　男性の場合スーツの色は紺やグレーなど似通った色になりますが、ネクタイの色はたくさんバリエーションがあります。

　服装におけるネクタイの役割は大きく、最も相手の目を惹くポイントでもあります。

　ネクタイの選び方が大きく影響するのです。

娘の塾の見学に行った時のことです。

男性講師が出てきました。

まず目に入ったのがネクタイです。

いかにも安っぽいネクタイをしており、しかもベルトから10センチ以上垂れ下がりスーツの下からはみ出しています。

これだけで良くない印象を持ちました。

色のチョイスも悪く、青のワイシャツに光沢のある黄色のネクタイを締めていました。

バブル時代のパロディでもしているかのようです。

私自身もイマイチと思いましたが、娘の拒絶はもっと強く「この塾だけは絶対にやめる」と言っていたのです。

基本の基本ですが、ネクタイをするときは、ネクタイの先がベルトにかかるか、かからない長さで締めてください。

長すぎるのも短すぎるのも、見栄えが良くありません。

また色のチョイスでお客様に違った印象を与えられます。

- 青……冷静、誠実なイメージ
- 赤……熱意、情熱的なイメージ
- オレンジ……コミュニケーション能力が高いイメージ

初対面のお客様には青色のネクタイで臨み、クロージングでは赤色のネクタイをするなどシーンによって使い分けるようにしましょう。

ワンポイントアドバイス
ここぞという時用の勝負ネクタイを用意しておく

今日の服装の写真を送りアドバイスをもらう

　あなたは知らず知らずのうちに服装で損をしているかもしれません。しかも自分では気づきにくいもの……。

　自分では普通だという認識だとしても、お客様から「うぁ、センス悪い……」と思われているかもしれないのです。

　見た目で悪い印象を持たれれば、次のステップには進めません。

　どんなに営業ノウハウを学んでも結果は出にくくなります。

　以前お会したIT系の営業スタッフは、サイズアウトしたピチピチのチノパンを履き、ネクタイをゆるく縛っていました。

　話をすればいい若者なのですが、ほとんどのお客様は「あぁ、こういう人とはまともに話をする気になれない」と思っているでしょう。

　この営業スタッフは服装でチャンスを逃していることに気が付いていないのです。

　どんな世界にも例外があり、奇抜な服装で結果を出す人もいます。ただそれは1,000人に一人の天才であり、かなりのレアケースです。

　やはり見た目に気を使っており清潔感がある服装をしている人

が圧倒的に有利なのです。

　結果を出している営業スタッフは見た目に関して細心の注意を払っています。

　これはリモート営業でも同様です。

　「リモートだから多少気を抜いてもいいだろう」という人は、まず苦戦しています。

　リモートだとしてもリアルでも好印象を持たれる服装を心掛けてください。

　いくら頑張って営業活動をしたとしても、見た目で足切りを食らっていたのでは意味がありません。

　頑張って営業活動をする前に、まずは服装についてチェックしましょう。

　ご家族と一緒に住んでいるのなら「この服装でお客様にいい印象を与えられるかな？」と聞いてみます。

　家族なので遠慮なしに意見を言ってくるかもしれませんが、腹を立てずにしっかりと聞いてください。

　一人暮らしであれば鏡に向かってスマホで写真を撮り、友人に送ってみましょう。もちろんセンスの良い人の方がいいですが……。

　ちょっとしたところを修正しただけで格段に印象が良くなったりします。

　ぜひ今日からやってみてください。

ワンポイントアドバイス
特に異性や自分よりも若い方からアドバイスをもらう

男性はスーツ、女性は落ち着いた雰囲気の服装にする

　男女問わず営業活動において服装で好印象を与えた方が圧倒的に有利です。

　このような話をすると「余裕がないので、新しくいい物を買えない」と思うかもしれません。

　高い物を買う必要はありませんせんし、今持っているものでも少し手入れをするだけで十分なのです。

　たとえば安価なワイシャツだとしても、クリーニングに出すかアイロンをかけてシャキッとすれば印象は変わります。

　靴やカバンに関しても、磨いたりワックスをつけたりするだけで違ってきます。

　この後の項目でもお話ししますが、持ち物に対してちょっとした工夫や扱い方で印象はガラッと変わってくるのです。

　ポイントを押さえ、お客様にいい印象を与えましょう。

　基本的に男性営業スタッフはスーツが無難です。

　スーツ以外でもいいという会社もありますが私服はセンスが問われるため難度が上がります。私服で好印象を持った営業スタッフはそれほど多くはいません。

　時代が変わったとしても、やはり私服よりスーツの営業スタッフの方が信頼感は増します。

　服選びに自信がないなら無理に私服に変える必要はありません。

　女性の場合、男性よりさらに服装のバリエーションが多いため服選びが難しくなります。

　まずは「見た目で損をしない」ことに焦点を置くことです。

　商品の提案もそうですが、お客様目線で考えるとうまく行きます。基本的には"落ち着いた雰囲気"の服装を選び、幅広い年代のお客様から好印象を持ってもらえるチョイスがベストです。

　以前、服装のアドバイスをしているコンサルタントの方から3つのポイントを聞いたことがあります。

- 黒か紺色で落ち着いたデザインの服を選ぶ
- 髪が長い場合はまとめておく
- アクセサリーを派手すぎないようにする

　ちょっと地味過ぎる感じはしますが、この3つを守るだけでも見た目で損することはなくなります。

　自分の好みの服装はプライベートの時にするとして、仕事の時は結果を出すための見た目を心がけてください。

　女性の営業スタッフは男性の営業スタッフに比べて警戒心を持たれにくいというメリットがあります。その上、服装で好印象を持ってもらえれば、かなり有利な条件で話を進められます。

ワンポイントアドバイス
お客様の好みがわからないのなら無難な服装で勝負する

お客様に好印象を与えられるアイテム　ベスト3

　お客様は営業スタッフの持ち物をよく観察しています。

　持ち物ひとつで「この人は仕事ができそうだ」と思われることもありますし、「期待できない」とガッカリされることもあります。

　トークや提案でお客様の心をつかむ前に、まずは持ち物で期待値を上げましょう。

　ではお客様に好印象を与えられる3つのアイテムを紹介します。

●好印象を与えるアイテム1　──カバン

　まずはカバンです。

　女性用カバンの場合は、奇抜な色やデザインのものは避けた方が無難です。

　男性営業スタッフの中には、汚れていたり使い古されていたりするカバンを持っている人も少なからずいらっしゃいます。それだけでなんだか貧乏くさく感じ、真剣に話を聞く気がなくなってしまうのです。

　黒か茶色の落ち着いた色のカバンを選び、よく手入れをしておくといいでしょう。いいカバンはお客様から好印象を持っていただけます。

●好印象を与えるアイテム2　――時計

営業スタッフのアイテムの中で一番個性が出るのが時計です。

数十万円以上する高級時計はちょっと嫌味ですし、かといってプラスチックの安っぽい時計もガッカリされます。

男性も女性も誠実さをアピールするなら、白フェイスに黒いベルトの時計がいいでしょう。またスマートウォッチのような時計で、都会的な雰囲気を演出してもいいと思います。

時計に関しても仕事とプライベートでしっかり分けて使うようにしてください。

●好印象を与えるアイテム3　――ボールペン

ボールペンは100均で"3本100円"といったような安いものを使うのではなく、少し高いものを使うことをおススメします。

安物の筆記用具を使っている人を見ると、どうしても「仕事にこだわりがないんだろうな」といった印象を受けてしまいます。

とくに高額商品を扱っている人は高額なものを用意するようにしてください。

筆記用具はカバンや時計に比べれば安く購入できます。

さっそく安価な筆記用具を使っている人はちょっと高めのものに変えてみましょう。

高いものに変えるとお客様からの印象はもちろん、書きやすく仕事もはかどります。

ワンポイントアドバイス

次の給料日にどれかひとつ買い替えてみる

１万円以上の手帳に
買い替えてみる

　手帳は営業スタッフの持ち物の中で、最も影響力が大きいツールのひとつです。デジタル化が進んでいる今でも、アナログの手帳を持っていないという営業スタッフはほとんどいません。

　使っている手帳を見るだけで"売れている営業スタッフ"なのか、それとも"苦戦している営業スタッフ"なのかがおおよそ見当がつきます。

　トップ営業スタッフは総じて手帳にこだわりを持っており、質のいい物を使っているものです。

　その逆に、ダメ営業スタッフはこだわりのない安っぽい手帳を使っていたりします。

　私の経験上、手帳の金額と営業成績は正比例しているように思えます。

　私の知人に投資会社のトップ営業スタッフがいます。

　持ち物には最大限の注意を払っており、１ミリでもお客様からの印象が良くなる物を選択して使っています。

　知人は「営業スタッフの持ち物の中のなかでも、とくに手帳が重要」といった話をします。

　手帳は商談が始まる際、提案書とともに机の上に置くものです。

　これが安っぽい手帳ですと「この人で大丈夫かな」と思われてしまうのです。

　ダメ営業スタッフ時代の私は、手帳についてまったく気にしたこともありませんでした。

　お客様の前で何のためらいもなく安物の手帳を使っていたものです。それだけがすべての原因ではありませんが、最低の成績だったのです。

　ある時、トップ営業の先輩から「騙されたと思って、いい手帳を買ってみろ」というアドバイスをいただいたことありました。

　ちょうど買い替え時期だったので、思い切って2万円弱の革製の手帳を購入したのです。

　先輩の言う通り、この手帳の効果はテキメン。まず買って手に持った瞬間から「ちょっとできる営業スタッフになったのでは」とセルフイメージが上がるのを感じます。これだけでも十分価値があります。

　さらにはこの手帳を持つと自信をもってお客様と話ができます。

　商談も上手く進み、そのおかげで最下位グループから抜け出せたのです。すぐにその投資以上にリターンを得られました。

　もしあなたが安価な手帳を使っているのでしたら、ぜひ1万円以上の手帳に買い替えて欲しいと思います。高級な手帳はローリスクハイリターンの投資になることは間違いありません。

ワンポイントアドバイス

高い手帳の方が長持ちして、長期的に見ればコスパはいい

提案資料とツールを
"直角・平行"にキレイに置く

お客様は営業スタッフの持ち物をよく見ている、といった話をしてきました。

カバン、ボールペン、時計などなど。

先ほどのベスト3や手帳のほかに、パソコン、タブレットなどもそうです。

そういったアイテムの手入れや管理が悪いと、お客様は「きちんと対応してくれるのかな？」と不安になります。

持ち物でチャンスを失ってしまうこともよくあるのです。

持ち物も見られていますが、加えて"物の置き方"も見られていることを忘れないでほしいのです。

先日、ある商品の話をしていた時のことです。

始めの印象は悪くはありませんでした。

持ち物もセンスが良く「この人になら相談ができそうだ」と期待していたのです。

その営業スタッフは「それでは会社概要について少し説明しますね」とカバンから資料とタブレットを出します。

その置き方がばらばらで、雑な感じだったのです。

それがどうしても気になり、話を進められませんでした。

ちなみに私は潔癖症ではありません。

そんな私でも物を雑に置かれるといい印象を持たないのです。

その後、他の営業スタッフとお会いした時のことです。

その営業スタッフはカバンから資料とタブレットを取り出し、きれいに並べます。

その様子を見て「しっかり仕事をしてくれるのだろうな」といった印象を持ちました。

話を聞いて購入を決めたのです。

持ち物がよかったとしても、その物を雑に扱っている印象を与えてしまうのでは意味がありません。

持ち物はもちろん、置き方にも少し注意を払うようにしましょう。

ワンポイントアドバイス

物の置き方など、細部にも注意を払う

足元を制する──
靴と靴の揃え方に気を使う

　営業をしている人ならば"トップ営業スタッフは靴がキレイ"といった話を聞いたことがあると思います。

　また、作法やマナーの本に"マナーは足元から"といったことが書かれています。

　どんな靴を履いているか？　どんな扱いをするか？　といったことから営業スタッフのレベルがわかってしまうのです。

　靴で営業スタッフを判断した例をお話しします。

　営業スタッフＡさんに自宅まで来てもらった時のことです。

　Ａさんは玄関の土間で靴を脱ぎ、手ではなく片方の足で雑に靴を端に寄せました。

　その靴も汚れており、キレイではありません。

　それを見た瞬間「なんかＡさんから買うのは嫌だなぁ……」と思ってしまったのです。

　話や条件は良かったのですが、購入は見送りました。

　その後、別の会社の営業スタッフＢさんに来ていただいた時のことです。

　Bさんは玄関を背にして丁寧に靴を脱ぎ、玄関ホールに上がってからキチンと靴を揃えます。またその靴も磨かれていてキレイです。

　その瞬間「この人なら安心だ」という印象を持ちました。

　そしてBさんから購入を決めたのです。

　お客様は営業スタッフの靴をよく見ています。

　高い安いということではなく、常にキレイに手入れをしましょう。

- ブラシなどを使ってほこりを取る
- シューズクリームで磨く
- シューキーパー使う

といった通常のケアでいいのです。

　また靴の揃え方も気を配ってください。

　靴を揃えるときは、お客様にお尻を向けず半身で行います。

　脱いだ靴を玄関の隅の方に寄せるのも忘れないようにしましょう。

ワンポイントアドバイス
靴磨きセットを買う

第 2 章

初対面・アポイント取得のスキル

私はこんな人間です

おっ、さすが気が利くなぁ

名刺交換ではフルネームとUSP（独自の強み）を伝える

　営業活動において出会った時の印象は非常に影響が大きく、失敗すれば取り返すのがとても難しくなります。

　あなたが買う立場になった時、"マナーは最悪だったが我慢して付き合った"といったケースは少ないはずです。

　逆にマナーがキチンとしていると「この人は期待できそうだ」という印象を持つと思います。

　結果を出している営業スタッフは口を揃えて「第一印象を良くするのは、ワンチャンスしかない」という話をします。

　そのチャンスが名刺交換のときなのです。

　名刺交換は営業活動の基本の基本ですが、意外なことにキチンとできている人は多くありません。

　近い将来にはデジタル化して、名刺交換といったやり取り自体が無くなるかもしれませんが、現時点ではマスターしておいた方がいいでしょう。

　ここでは好印象を与える名刺交換について流れをお話ししますので、できているかどうかチェックしてみてください。

　まずは名刺入れから名刺を取り出し、名刺入れの上にのせて両

手で渡します。

　名刺入れを使わなかったり、片手で渡したりするのはタブーです。両手で渡すことで丁寧なイメージを与えられます。

　名刺を渡す際「○○会社の営業担当の菊原智明と申します」と名乗ります。

　ここでしっかりと自分の役割とフルネームを伝えます。

　さらに「この分野を得意としております」といったUSP（Unique Selling Proposition　独自の強み）を伝えれば、より印象に残るでしょう。

　また相手の名刺を受け取る時も名刺入れの上で受け取ります。

　その際、お客様の名前の読み方を確認しながら話に入っていくとスムーズです。

　ヘタな雑談をしてハズすより、名前の読み方を確認したほうが確実ですし、その後のメリットもあります。

　その他にも笑顔を心がける、ゆっくりと聞き取りやすく話すといったようなポイントを意識すると、さらに効果的になります。

　お客様と出会った瞬間の数秒間に最大集中することが即結果につながります。

　"第一印象を良くするチャンスは一瞬しかない"と意識して名刺交換をしてください。

　お客様との出会いに最大集中して他の営業スタッフと差をつけましょう。

ワンポイントアドバイス
名刺を丁寧に受け取って名前の読み方を確認してみる

お客様とお会いしたら 3分以内に2つのものを送る

　複数の営業スタッフとお会いしたとします。

　その後も永く記憶に残る営業スタッフもいれば、すぐに記憶から消えていく営業スタッフもいます。

　その違いは、ほんのちょっとの工夫をしているかどうかで決まります。

　今でもしっかりと覚えている営業スタッフを紹介します。

　ホームページ関係の方とリモートで打ち合わせした時のことです。

　30分程度打ち合わせをした後、その3分後にメールが届きます。

　そのメールには「今日の打ち合わせ内容の確認」と共に「"私はこんな人間です"というプロフィール」が添付ファイルで送られてきました。

　打ち合わせ内容をまとめて送ってくれた時点で「なんて気が利く人なんだ」と印象を受けました。

　それ以上に印象に残ったのはその方のプロフィールです。

　そこには次のような内容が掲載されていました。

• 仕事に対するスタンス

- どんな経験をしてどんな信念で生きてきたか
- プライベートの趣味、家族の話　などなど。

　これを見てますます記憶に残りましたし、その方のファンになったのです。

　できる営業スタッフはお客様の記憶に残るような工夫をしています。

　「お客様と別れた後用のツール」を用意しておき、しっかり印象付けてください。

ワンポイントアドバイス

お客様にファンになってもらえるプロフィールをつくる

"顔写真＋吹き出しに手書きで メッセージ"でお客様の心をつかむ

　交流会に参加した時ことです。

　そこでお会いした営業スタッフから一通のお礼状が送られてきました。

　お礼状には「来月、群馬に行きますのでぜひゴルフしましょう！」とメッセージが書かれていました。

　もしこれがメールでしたら、あまり印象に残らなかったでしょう。

　結果を出している営業スタッフはデジタルツールだけでなく、ポイントでアナログツールを活用しています。

　私自身もお客様に送るハガキや手紙には、必ず手書きでメッセージを入れたり、人となりを入れたりと様々な工夫をしたものです。

　お礼状を出した方がいい、ということは誰でも知っているでしょう。しかし今、お礼状を使っている営業スタッフはあまり多くありません。ほとんどの営業スタッフが「お礼状なんて面倒だし、メールやSNSの方がいい」と考えています。

　多くの人が使っていない今だからこそ効果的だと言えます。

　またお礼状にメッセージを書かない理由として「私は字が下手ですから」と言う人がいます。

　字が上手に越したことはありませんが、実際のところ字が上手か下手かはあまり関係ないのです。

　以前お会いした人から達筆のお礼状を送ってもらったことがありますが、とくに印象には残りませんでした。その理由は、他の人にも同じものを送っているように感じたからです。

　いくら達筆でも大勢の人に送っているという雰囲気が伝わってしまえば、相手の心は掴めません。

　おススメの方法ですが、まずお礼状の定型文は印刷にし、顔写真の横に吹き出しをつけます。

　そこに一言、手書きで添えるだけでいいのです。

　これだけでお客様の印象に残る最強ツールになります。

ワンポイントアドバイス
最高の表情の顔写真＋一言だけ手書きで印象を残す

テレアポでは相手が一瞬で理解できるように名乗る

　今はスマホも含め、ほとんどの電話がナンバーディスプレイになったこともあり"知らない番号"からの電話に出ない傾向が強くなりました。

　私自身はかかってくる電話に比較的出る方です。

　その理由は「電話でどんなアプローチをしてくるか」ということを営業コンサルタントとして知っておきたいからです。

　私のような仕事でない限り、売り込みとわかっていて電話に出る人はほとんどいません。

　テレアポはどんどん厳しくなっているのですが、やり方によってはまだまだ効果的な営業アプローチのひとつです。

　ハウスメーカーの営業スタッフをしていた時のことです。

　あるお客様から要望を聞き、土地の案内をすることになりました。

　その3日後、お客様が探していたエリアの土地が見つかったため、お客様に電話をかけます。

　名前を名乗り、土地が見つかったことを伝えたところ、「必要ないです。また連絡しますから」と冷たく電話を切られたのです。

　会って話をした時とは別人のような対応でした。

　後日、土地資料と手紙を送ったところ、お客様から「すみません、数日前の電話は菊原さんだったのですね」と謝罪の電話がかかってきました。

　その日はたまたま売り込み電話が多く、うんざりしていたとのことで、私もその電話の一人に間違えられたのです。

　その後、このお客様とはうまく話が進みました。

　このお客様のように誤解が解けたのであれば問題はありませんが、これで諦めてしまったらそれっきりになっていたかもしれません。

　お客様はいろいろな営業スタッフと出会っていますし、関係ない売り込み電話もたくさんかかってきます。

　そんな中で「ABC会社の菊原です」ではお客様は伝わりません。そうではなく「3日前、70坪前後の土地物件をご案内する約束した菊原と申します」と伝えた方がいいのです。

　新規のお客様に対して電話するなら「高崎北部のエリアに特化した塗装会社の○○です」とひとつ特徴を伝えた方が効果的です。

　お客様は会社名と名前だけでは認識してくれません。

　電話では名前だけでなく、思い出していただけるエピソードを伝えるようにしましょう。

ワンポイントアドバイス
3秒で伝わるように短く明確に伝える

留守番電話にしっかりと メッセージを入れておく

　私の事務所の電話は転送されず、留守番電話になるように設定しています。メッセージが入っているとランプが点滅します。

　それを再生するたびに「メッセージの残し方で差がつくな」といつも感じるのです。

　ある時、留守番電話を再生すると「○○会社の斎藤めぐみと申します。△△の件でお電話させていただきました。また改めてお電話させていただきます」といったようなメッセージが入っていました。

　内容的には普通のメッセージだったものの、しっかりとした話し方で好感を持ちました。

　そのメッセージを聞いて「この人から電話がかかってきたら次は出たい」と感じたのです。

　私の事務所にはたくさんのテレアポの電話がかかってきます。

　そこにキチンとメッセージを入れられる人は少ないのです。

　10件に5件は無言でブチっと切れます。メッセージが入っていたとしてもどこの誰だかもわかりませんし、内容もさっぱりわかりません。スマホでも着信だけ残して終わりという営業スタッフ

がほとんどです。

　そんな中、きっちりメッセージが入っていると「この人から一度話を聞いてみるか」という気分になります。

　最近、お客様が電話に出なくなりアプローチは難しくなりました。

　簡単に電話に出てくれないとしても、留守電に入れることはまだできます。

　短くしっかり伝え、いい印象を残す。

　こういったことからチャンスが生まれることもあります。

ワンポイントアドバイス

留守電に入れるメッセージをあらかじめ考えておく

チャンスを逃さず見込み客にするワザ

問い合わせがあったら"アポを取る"か"商品を提案する"

　営業活動で一番難しいのが"新規のお客様を探す"ということです。

　ほぼ返信がないメールを何通も送ったり、出てくれない電話をかけたりと、なかなかしんどい作業です。

　そんな時、お客様の方から電話がかかってきたらどうでしょうか?

　たいていの営業スタッフは大喜びするでしょう。

　営業活動を2～3年も経験していれば"お客様からの問い合わせはアポイント取得のチャンスだ"ということがわかってきます。

　しかし、新入社員や経験の浅い営業スタッフは、せっかくのお客様の問い合わせに対して"質問に答えて終わり"という行為をしてしまいがちになります。

　はたから見ると「なんてもったいないことを……」と思うのですが、経験の浅い営業スタッフは何気なくやってしまうのです。

　ネット関係のシステムの不具合で、ある会社に電話で問い合わせをしたことがありました。

　するとすぐに「この場合はこのような手順で操作した方がいい

ですね」とシンプルにわかりやすく答えていただきました。これで電話を切ってそれで終わりです。

これは大きなチャンスを逃したことになります。

もしこの担当者が営業ノウハウを少しでも知っていて、「よろしければお伺いして相談に乗りますよ」とアポイントを取ってきたら、間違いなくお会いしたでしょう。

またそこで「こういったソフトを入れておくといいですよ」と新しい商品を勧めたなら、おそらく購入したと思います。

新人営業スタッフに限らず、絶好のチャンスを見過ごしている人も少なくありません。

チャンスをスルーしながら「いやぁ〜なかなかお客様が見つからなくて困っていますよ」などと言ったりしているのです。

私がお世話になっている研修先の会社ではこういった取り逃しが無いように【**お客様の質問に回答する→アポを取るか、商品のご提案をする**】とマニュアル化しました。

このマニュアルによって、多くの営業スタッフがチャンスを逃さなくなったというのです。

お客様からの質問や問い合わせは必ずアポイントを取るか、何かの商品をご提案するようにしましょう。

今の時代、みすみすチャンスを逃していたのでは生き残ることはできません。

ワンポイントアドバイス
問い合わせの電話対応のロープレをしておく

機会があるたびに「○○の仕事をしています」と伝える

「新規開拓のために多くの人にアプローチしなくてはならない」と聞くと、難しく感じるかもしれません。

高額なネット広告を出したり、何回も会社やお客様のところに顔を出したり……と。

しかもなかなか成果につながりにいくのです。

そんな難しい新規開拓ですが、すごく簡単にできてジワジワ効果が上がる方法があります。

しかもコストゼロでできます。

そんなワザについてご紹介します。

私の住んでいる地域に農家の物産店があります。

そこで私の知人がフルーツを出しているのです。

こだわりを持って作っており、知っている人からの評価は高かったのです。

問題は認知度が低いことです。

他にも負けないクオリティにもかかわらず、売り上げは伸びなかったのです。

そこで知人はネットや地域新聞で宣伝活動をしました。

　そういったチャレンジはいいのですが、問題はお金がかかるということです。

　費用対効果が悪く、やればやるほど赤字になり、経営に行き詰ってきてしまったのです。

　その話を聞いて私は「人と会ったら"こんなフルーツを作っているんです。今度食べに来てください"と伝えてください」とアドバイスしたのです。

　知人は口下手でうまいセールストークはできません。

　ただ、「こんなの作っていますよ」と言うだけならできました。

　その後、じわじわと口コミが広がります。今や人気のフルーツになったのです。

　あなたが金融関係の営業をしているなら、ことあるごとに「お金のことならなんでも相談してね」と声をかければいいのです。

　たった3秒の声かけだけでファンが増え、いい口コミが広がります。

　セールストークは嫌われますが、3秒の声かけなら問題ありません。

　営業スタッフに限らず、医者でも弁護士でも役所に勤めていても、何かしら告知できることはあります。

　一言で伝えられる簡単な声かけフレーズを考えておいてください。どんなところにチャンスが転がっているかわかりません。

　機会がある限り、自分の仕事を常に伝えるようにしましょう。

ワンポイントアドバイス
売り込みではなく、挨拶として声かけフレーズを伝える

訪問、メール、SNSがダメなら アナログツールでアプローチする

　ダメ営業スタッフ時代の私はアポなし訪問ばかりを繰り返していました。時には2時間以上もかけて移動したのに、話したのはテレビドアフォン越しに1分だけということもよくあります。

　アポ無し訪問ばかりですから留守も多く（居留守も含む）、名刺だけをポストに挟んでそのまま帰ってきたこともあるなど、とてつもなく非効率な営業活動をしていたものです。

　デジタル時代になっても、古典的な営業活動を続けている会社もまだまだ存在しています。

　今や便利なツールがたくさんありますから、これを使わない手はありません。文章でしたら同じ時間で10倍、100倍のお客様にアプローチすることができます。

　では、その手段は何がベストなのでしょうか？

　一番手っ取り早く、ローコストなのはメールやSNSなどのデジタルツールです。

　メールやSNSであれば、書いた文章をすぐに送れますし、すぐに反応が返ってくることもあります。

　デジタルツールはメリットばかりに思えますが、デメリットも
あります。それは"飽和状態にある"ということです。

　あなたのパソコンのメールボックスには1日に何十件とメール
が届くでしょうし、SNSの通知もアプリを合計すれば相当な数
になるはずです。

　情報が溢れかえっている中、「こんなお得な情報がありますの
で、よかったら読んでください」と送っても、無視される可能性
が高くなります。

　デジタルツールだけでなく、時にはアナログツールにも目を向
けてみます。

　例えば郵送で"お役立ち情報"を送るということです。

　今は実際に印刷された情報を送る人は少ないため、お客様にイ
ンパクトを与えられます。

　郵送物を見て「おっ、いまどき珍しいな」と印象に残ります。

　熟読しないとしても、「誰から届いたのかな？　何が書いてあ
るのだろう？」と、チラッとは見るものです。

　メールはワンクリックでごみ箱に捨てますが、郵送物は保管し
ておくお客様もいます。もちろん価値ある情報でなくてはなりま
せんが……。

　トップ営業スタッフはデジタルとアナログをうまく使い分けて
います。双方のいい面を活用してお客様にアプローチしてみてく
ださい。

ワンポイントアドバイス

切手、封筒などのデザインにこだわってみる

お客様に送るメールをBCC（ブラインド・カーボン・コピー）で自分あてにも送っておく

　メールでアポイントを取るためにはライティングスキルが必要になってきます。

　ライティングの本を読んで勉強するのもいいですが、それより手っ取り早く上達する方法があります。

　それは "お客様に送ったメールを自分宛てにも送る" ということです。

　私は外出先でメールを返信するがあります。

　そんな時はBCCで自分のところにも "同じ内容のメール" を送っておくのです。

　BCC（ブラインド・カーボン・コピー）であれば自分宛てに送ったということをお客様に気づかれません。

　これをしておくと、自分の文章のどこを改善すればいいかをしっかりと認識できるのです。

　以前、クライアントに送った文章は "私がやるのか？　それとも相手の方がやるのか？" どっちとも読み取れる文章だったことがあります。

　これでは相手を惑わしてしまいます。

　また、編集の方に対して「この修正を明日までにお願いします」といった文章が非常に冷たく感じたこともあります。

　送った時はそんな気持ちは微塵もありません。

　しかし、受け取った方は「菊原さん、最近なんだか冷たくなったな」と思っているかもしれないのです。その後、電話で謝罪しましたが……。

　まずはお客様にメールを送る際「このメールを自分が受け取ったら？」といった視点でチェックしてみてください。さらには自分宛てに送り、少し時間が経った後で読み返すのです。

　すると「ちょっと失礼だな」と気がついたり、また「売り込みが強いかもしれない」といったことに気がつくようになります。

　それをひとつひとつ修正していけば、メールの精度はどんどん上がっていきます。

ワンポイントアドバイス
お客様の気持ちになってメールを読む

お客様に「休みの日でもお客様のことを考えてしまう○○です」と伝える

　ほとんどの営業スタッフが「休みの日ぐらいは仕事のことなんて考えたくもない」と思っているでしょう。

　私自身もそうでした。

　トップ営業スタッフほど休日は仕事から離れプライベートを楽しんでいます。

　気分を切り替えてリフレッシュしています。

　それはそれでいいのです。

　では自分が買う立場になったとして考えてみてください。

　「休日は買い物とゴルフ三昧ですよ、あっはっはっは！」という営業スタッフと、「休みなんですけど、どうしてもお客様の案件を考えちゃいます」という営業スタッフだったら、どちらから買いたいですか？

　ほとんどの人が後者の営業スタッフから買いたいと思うはずです。

　休日のことを思い出してみてください。

　なんだかんだ言っても休日にお客様のことを100％忘れること

はできませんよね。頭の片隅には残っているはずです。

　休日に趣味を楽しんでいても「あの案件、どうしようかな？」などとチラッと考えてしまうものです。

　それをいい意味で伝えるのです。

　私がやっていた方法ですが、メールの件名で「A会社の菊原です」という部分を「休みの日でもお客様のことを考えてしまう菊原です」と変えるということです。

　アナログツールで伝えたこともありました。

　文章の一行目は必ず読みます。

　高確率で"お客様に対する本気度"が伝わるのです。

　また実際お会いした際、「休みの日に買い物に行ったらこの提案を思いつきましてね」といった話をします。

　その結果、多くのお客様から「菊原さんは私たちのことを真剣に考えてくれる」と相談相手として選ばれたのです。

　お客様は"自分のことを真剣に考えてくれる人"を探しています。

　そのお客様に対して「私はそれにふさわしい人物ですよ」と伝える必要があります。

　心の中で思っているにとどめるのではなく、お客様にしっかり伝えてください。

ワンポイントアドバイス

常にお客様のことを考えているとサラッと伝える

第3章

お客様の気持ちをつかむ
営業トークのスキル

「月に一回多く家族で外食に行けますね」と具体的メリットを伝える

　トップ営業スタッフとダメ営業スタッフの違いはいろいろありますが、中でもトークでは大きな差が生じます。

　だからといって話している内容に大きな差があるわけではなく、ほんのちょっとしたことで結果が大きく違ってくるのです。

　ではその違いとは何でしょうか？

　それはトップ営業スタッフのトークには "この問題が解決します"、もしくは "こんなメリットがあります" といった内容が含まれているということです。

　具体的な解決策を提示しており、どんな利点があるかイメージできるのです。

　一方、ダメ営業スタッフは商品の説明のみで終わります。

　ほとんどのお客様はまったく興味を持ちませんし、頑張って説明すればするほど嫌われます。

　トップ営業スタッフとダメ営業スタッフの差を端的に表現すれば、

• ダメ営業スタッフ……マニュアルトークのみ
• トップ営業スタッフ……マニュアルトーク＋【具体的メリット】
となります。

　具体的メリットがあるかどうかで、大きな差になって現れてくるのです。

　営業スタッフからマニュアルトークを聞かされているお客様は、真剣に話を聞くふりをしながら「早く終わらないかな」と思っています。
　これではいくら頑張っても結果は出ません。

　営業スタッフは具体的な話として伝えます。
　例えばローンの話をするとして、「こちらに借り換えすれば月々7,000円ほどコストダウンになります」とマニュアル通り説明し、そのあと「これで月に一回多く家族で外食ができますよ」と具体的なメリットを伝えるのです。
　このように具体例を言われると、お客様は「下の子が肉が好きでね。毎月1回ステーキを食べに連れていけますよ」と話が広がっていきます。

　あなたはすでにマニュアルトークをマスターしているでしょう。
　そのトークを活かすためにお客様が具体的にイメージできる話を付け加えてください。
　これだけでお客様は何倍も真剣に聞いてくれるようになります。

ワンポイントアドバイス
食事、趣味、娯楽などいろいろなワクワクフレーズを考えてみる

ビジョントークの割合で
"50%越え"を目指す

　トップ営業スタッフの特徴として"ビジョントークの割合が多い"というものがあります。

　ビジョントークとは"商品を手にした際のイメージを引き出す"といったものです。

　ひとつ具体例をお話しします。

　家を買う場合であれば、「新しい家でどんな生活をしたいですか?」といった感じになります。

　他にも「広くなったリビングでどんな過ごし方をしたいですか?」「新しくなったキッチンで何を作りますか?」などなど、考えればいろいろと出てきます。

　このような新しい家で過ごす様子をイメージできる質問をされると、お客様はワクワクするものです。

　あなたも多かれ少なかれ、このようなビジョントークをしていると思います。

　では、その割合はどのくらいでしょうか?

　トップ営業スタッフはその割合が多くビジョントークが5割を

超えています。

　一方、苦戦している営業スタッフは少なく、2割に満たないのです。ビジョントークではなく、性能の話、他社の比較、コストの話などといった内容ばかりです。

　まずはお客様によくしている質問をリストアップしてください。

　そこに「ビジョントーク割合がどれだけあるのか？」とチェックして欲しいのです。

　もし足りていないようでしたら、ここで5つ以上のビジョントークを考えてみましょう。少しずつ割合を上げ、最終的には50％超えを目指してください。

今使っているトークに"事例と証拠"をプラスする

　お客様の立場として話を聞いた時「この人の話は信ぴょう性があるし、納得できる」と感じることがあります。

　そうかと思うと「トーク自体は上手いと思うが、なんか怪しい……」と感じることもあります。

　内容的には同じような話をしているのに印象はまったく違ったりします。

　これは何がそうさせているのでしょうか？

　その違いはそのトークの中に"事例と証拠があるかどうか"なのです。

　多くの営業スタッフは事例と証拠がほとんどありません。

「当社の製品は耐久性に優れています」

「新商品はコスパがいいです」

「この機能が追加されてすごいんです」

といった話ばかりではなかなか内容が入ってきません。

　熱弁されればされるほど「これは盛っているな」と感じてしまうのです。

　ゴルフ仲間の化粧品のセールスの女性は迷っているお客様に対して「これをお使いのお客様の多くが10歳以上も若く見えるようになった」と言って、スマホでビフォーアフターの写真を見せます。もちろんお客様に許可を取ってのことですが……。

　ただ単に「肌がきれいになります」と伝えるより、実際の写真を見た方が信ぴょう性は一気に高まります。

　これで多くのお客様が購入に踏み切るというのです。

　また営業支援ソフトの法人営業をしている知人は「私が担当しているクライアントは、残業が25%減少した上に業績は前年比130%の状況となっております」と成功例を伝えます。

　その後、お見せできる範囲でデータを示します。

　これで多くの会社が話に乗ってくると言います。

　信ぴょう性のある人の話には「この商品を購入したお客様の例ですが」といった話や「対前年比145%という結果が出まして」といったデータを伝えています。

　事例や証拠がセットになっていると「この話は本当だな」と感じるのです。

　今お使いのトークに"事例と証拠"を付け加えてみてください。

　それだけで信ぴょう性が深まり伝わるトークになります。

ワンポイントアドバイス
紹介できる事例をいくつか用意しておく

一撃でお客様を納得させてしまうワザ

数字やデータより強力な 「私も愛用しています」

　先ほどの項目で"トークには事例と証拠をプラスするといい"といった話をしました。

　このような話をすると「守秘義務があるので事例は出せない」という営業スタッフもいらっしゃいます。

　扱っている商品によっては難しいこともあるのです。

　そんな営業スタッフの方に、いいワザをお伝えします。

　使い方によってはこちらの方が強力です。

　そのワザとは「自分も使っている」といった話をするということです。

　私が知る限り、これ以上、信ぴょう性が高まるトークはないと思っています。

　身に着けると血行が良くなる健康器具を検討していた時のことです。思っていたよりも高く、迷っていました。

　そんな時にお店の方が「私もずっと愛用していましてね。体の調子がいいんです」と言ってきました。

　体感的なことで裏付けるデータはありません。

　にもかかわらず、私も愛用しているという言葉に説得され、気

持ちよく購入を決めたのです。

　ハウスメーカーの営業スタッフ時代のことです。

　30代の若い夫婦と話を進めていました。

　その御主人がかなり細かい性格で、何を説明しても「それは納得できませんね」と否定してきます。

　手を焼いていたのです。

　そんな時、何気なく「私も当社の建物に住んでいますが、すごくいいですよ」と話しました。

　その一言で納得したのか、その後はスムーズに話を進めることができたのです。

　「自分も使っていて、とてもいい」といった話のほかにも、「家族や親戚にも使ってもらっています」といった話も効果的です。

　この場合も「家族が使っているならば間違いないな」といったイメージを与えられます。

　売れている店員、結果を出している営業スタッフは"自分もしくは家族、親戚"の話をうまく交えて説明しているのです。

　数字やデータも効果的ですが、このトークには勝てません。

　何か考えて今のトークに取り入れてみてください。

ワンポイントアドバイス

まずは自分が利用して好きになる

お客様の興味ポイントに合わせて
トークをアレンジしていく

知人のベテラン営業スタッフのこと。

部下をマネジメントしながら、常にノルマの数字を達成しているすごい人です。部下との関係も良好です。

その知人がある時、部下から「毎回同じトークをしていてよく飽きませんね。どうしてですか？」と質問されたと言います。

部下といい関係だからこそ、こんな質問が出たのでしょう。

知人はそう言われてみて「なんで飽きないのだろう？」と考えてみることにしたそうです。

じっくり考えてみてわかったのは"毎回、お客様の興味ポイントに合わせてアレンジしているから"ということだと言います。

例えば、あるお客様に対して「この人は数字が好きだな」と判断したとします。

その場合は「この機能は光熱費を○％アップさせ○円コストダウンできます」と数字を伝えるようにします。

また他のお客様が「この人はプライドを重視するタイプだ」とわかったとします。

その場合は「このグレードにすれば他の方に自慢できますね」

といったトークを追加するのです。

　このように、お客様の興味ポイントに合わせてトークをアレンジしているからこそ、毎回同じトークをしても飽きませんし、上手くいくのです。

　価値観はお客様によって異なります。

　まずはお客様とやり取りをしながら「ここがポイントだな」ということをつかみます。

　そして、そのお客様が反応する説明にアレンジしていく。

　そうすることで毎回新鮮な気持ちで説明ができますし、お客様にもご納得いただけます。

ワンポイントアドバイス
お客様をいくつかのパターンに分類しておく

この商品を購入するのは浪費ではなく"財産""投資"と伝える

　ある販売員の方とお会いした時のことです

　服やバック、小物系を販売しています。

　この方は売り上げ常にトップの女性スタッフです。

　物販でずっとトップというと「多くのお客様にたくさん売っている」といったイメージがあります。

　しかしこの女性スタッフは、販売数自体は並みの店員と変わりません。

　数は変わらないものの、一人ひとりの販売単価が高いのです。

　平均すると並みの販売員の3〜5倍にもなるのです。

　こういった人は何か秘訣を持っているものです。

　見た目、マナー、清潔感、持ち物などなど。

　このような要素はすべてクリアしています。だからと言ってズバ抜けてすごいわけではあません。

　ただしトークには違いがありました。

　意識しているトークについて質問すると、「お客様の罪悪感を軽減するトークを心がけています」といったことを教えてくれた

のです。

　このお店は高額商品を扱っています。

　多くのお客様は"頑張った自分へのご褒美"として特別な商品を買いたいと思い、来店しているのです。

　とはいうものの、「自分だけ贅沢したら罰が当たるのでは」と後ろめたさが残ります。

　家族がいるとわかれば、「この商品を買うことでお子さんが喜びますし、受け継ぐことのできる財産になりますね」といったことを言ってあげるといいます。

　確かに「あなたが輝きます」と言ってもらうより「財産になります」と言ってもらった方が気持ちは楽になります。

　単身者であれば「これで仕事へのモチベーションが上がりますから、いい投資になりますね」といった言い方をします。

　"浪費"を"投資"といった言い方に変えることで、罪悪感がなくなるのです。

　トップ販売員の罪悪感を消すトークもぜひ応用して使ってみてください。

ワンポイントアドバイス
言い換えフレーズをみんなで考えてみる

知っていても思わず
警戒心を解く鉄板トーク

　ショッピングモールに行った時のことです。

　何気なくお店を見ながらフッと「もうひとつくらい仕事用の新しいカバンがあってもいいな」と思うようになりました。

　思いつきなので「こんなカバンが欲しい」といった明確なイメージはありません。

　いろいろなカバンを手に取ってみていましたが、どれも決め手に欠けます。

　いろいろと見過ぎて迷ってしまったのです。

　そんな時のこと。

　一人の店員さんが近づいてきて「いろいろ検討されて、どれがいいか迷っているのではないですか？」と言ってきたのです。

　まさにズバリです。

　このトークの仕組みを知っていても「この人は私のことをわかってくれる」という気持ちになりました。

　結局、この店員さんがおススメしてくれたカバンを購入したのです。

　私は"トーク設計図"という営業ツールをおススメしています。

　トーク設計図とはお客様の心理に合わせた順番でトークを構築していきます。

　基本的には以下のように進めていきます。

【簡潔に自己紹介→共感を得るためのトーク→警戒心を解くトーク】

　これを活用することで、いきなり売り込んでお客様を逃がすことがなくなります。また部下や後輩を指導する際にも、ツールがあるとやりやすいのです。

　トーク設計図では"お客様から共感を得る"といったことが重要になってきます。

　私はモデルハウスで「先ほどのお客様は"いろいろ説明されてゆっくり見学できなかった"と言っていましたが、お客様もそうですか?」といったトークをしていました。

　これを言うことで、「この人は私のことをよく理解してくれている」といったイメージを与えられたのです。

　お客様は警戒心を持っています。

　警戒しているうちはどんなトークも機能しません。

　まずは「この人はよく気持ちを理解してくれる」と思ってもらえるトークをする。鉄板ですが効果抜群です。

ワンポイントアドバイス

どうしたらお客様の警戒心が解けるか?　という視点でトークを考えてみる

出会ったら5分以内に
お客様の名前を5回言う

　営業スタッフとして "お客様とすぐに打ち解ける" といった能力はあるに越したことはありません。

　一瞬で関係を構築して本音を聞ければ、契約へ最短距離に向かえます。

　ただそれが難しいのです。

　ダメ営業スタッフ時代、よく上司から「お客の懐に飛び込んで仲良くなればいいんだ」と言われたものです。

　こちらの商品を気に入っているお客様ならまだしも、信頼関係が構築できていないお客様と仲良くなるなんてどう考えても不可能のように思えました。

　そんな中、新規のお客様とすぐに仲良くなる後輩がいました。

　その後輩に秘訣を聞くと「とにかくお客様の名前を何回も呼ぶ」というのです。

　例えばお客様が "中田" と書いたとします。

　それを見て「中田（なかた）さんとお読みするのでよろしいですか？」と確認します。

　"中田" であっても "なかた" と "なかだ" と濁点があるかな

いかを確認したほうが無難です。

　私は"きくはら"ですが、時々「きくばらさん」と呼ばれることがあります。濁点であっても間違って呼ばれると、あまりいい気分はしないものです。

　名前の読み方を確認したら「中田さん、こちらのデータですが……」と意識的に名前を呼ぶようにします。

　このようにしていくと自然と距離が縮むというのです。

　このワザを教えてもらった後、自分の中で"5分以内に5回名前を呼ぶようにする"といったルールを設定しました。

　それからちょっと気難しいお客様とでも打ち解けることができるようになったのです。

　新規のお客様と出会ったら"意識して5回"は名前を呼んでください。

　お客様の名前を呼べば呼ぶほど覚えられますし、距離感もグッと縮まります。

ワンポイントアドバイス
名前の正確な読み方をしっかりと確認してから呼ぶ

「まだ先の話なのですが……」と言われた時の対処法

　営業スタッフにとってお客様からの「まだ先の話なのですが……」という先制パンチは非常に効きます。

　出会ってすぐにこのように言われると、次の一手が打ちにくくなります。

　多くの営業スタッフはこの断り文句を何とかしようと「先で考える理由があるのでしょうか？」ですとか「どうして今ではダメなのですか？」と理由を追及します。

　理由を聞くことができれば、その壁を突破できると思うからでしょう。

　しかし、あなたも経験した通り、どんな聞き方をしても上手くはいかないのです。

　どんなお客様も、営業スタッフに対して「誘導されて買わされないように注意しよう」と警戒心を持っています。

　ですから「まだ先の話なので」ですとか「ちょっと見に来ただけなので」と予防線を引いてくるのです。

　この言葉には裏付けになる理由などありません。

　要するにウソなのです。

　そのウソに「どうしてですか?」と聞かれてもお客様は答えようがありません。

　追求すればするほど、お客様は「こういう理由ですぐには検討できないんですよ」とさらにネガティブな流れになってしまいます。

　そんな時はムキになって追及するのではなく挨拶代わりと軽く流せばいいのです。

　トップ営業スタッフは、お客様の断りに対して応酬話法で対抗しません。

　"出会ってすぐの断りは本当の断りではない"と知っているからです。

　応酬話法でお客様に対抗するよりも、認めたほうがいい結果につながります。

「そういうお客様もいらっしゃいますからご安心ください」
「あせらないでゆっくり検討してくださいね」
「今日、結論を出す必要は無いんですよ」

　このようなトークでお客様は安心します。

　いきなりの断りに慌てて反撃するのではなく、サラッと受け流してください。

　その後、挽回するチャンスはいくらでも訪れますから。

ワンポイントアドバイス
お客様の断りは無理に否定せず認めてしまう

「今日は買わない方が
いいですよ」で売る

　先ほど "「まだ先の話なのですが」と言われた時の対処法" といったお話しをさせていただきました。

　この章の最後に、その進化版をご紹介します。

　ちょっとトリッキーなワザですが、使い方次第では威力を発揮しますので "ここだ！" と思ったシーンでお使いください。

　さてそのトークとは「今日は買わない方がいいですよ」です。

　一瞬、えっ？　と驚いた方もいるかもしれません。

　このトークを聞いて「なるほどね」と思った方は、営業経験が豊富なのだと思います。

　人は「買わない方がいい」と言われれば言われるほど、買いたくなったりします。

　こういったことを心理術では "カリギュラ効果" と言います。

　商品を強引に売りつけられれば拒否しますが、逆にちょっと引かれた方が買いたくなるものなのです。

　何か買おうとして店員さんから話を聞きます。

　迷っているところに「ただこちらの商品は数に限りがありま

す。今決めてください！」とプッシュされたらどうでしょうか？

　強く薦められると逆に買う気がなくなり「また来ます」と言ってお店を出たくなるものです。

　世の中のほとんどの営業スタッフは、すぐにクロージングしてくる人ばかりです。

　そんな中、「お急ぎでなければ今日は買わない方がいいですよ」と言ってくる人がいたらどうでしょうか？

　思わず「どうしてですか？」と理由を聞きたくなります。

　その質問に対して「実は週末からキャンペーンをやるんです」と教えてくれたら……。

　"売らんかな"の人が多い中、こんなことを言ってくれた人には好感を持ちます。多少損をしてでも、「この人さんから買いたいな」と思うものです。

　実際、そのように言われたことがありますが、その店員さんを指名して購入しました。そしてその後もこの店員さんがいるときに買うようになったのです。

　目の前のお客様に「今日は買わない方がいいですよ」と言うのは勇気が必要かもしれません。

　もちろんですが、今すぐに欲しいというお客様にはすぐに売ってあげてください。"今すぐ客"は除くとして、「このお客様は警戒心が強いし普通では上手くいきそうもない」と判断したらぜひチャレンジしてみてください。

ワンポイントアドバイス
"押してダメなら引いてみる"でお客様に臨む

第4章

商談をスムーズに
進めるためのスキル

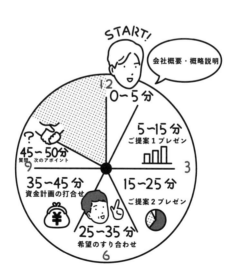

商談前に「これから〇〇の話をし、50分後に終わります」と伝える

　心理術のひとつに、前もって枠を示す「プリフレーム」というものがあります。

　商談の前にこれから話す内容の意味を明確に伝えておくことで、相手により話が伝わるようになります。

　また話がそれたり、脱線したりすることを防ぐ効果もあります。

　ダメ営業スタッフ時代のことです。

　何とか商談を上手く進めたいと思い、真剣に話をします。

　「いい調子で話が進んでいる」と思っているときに、お客様からの「これってちょっとおかしくないですか?」というネガティブなツッコミが入ります。こうなるとそのツッコミに対して説得することが先決になります。

　結果的に「今日はまったく話が進まなかった……」なんてことになったのです。

　そうなってしまう原因は、お客様に前もってフレームを示していなかったからです。お客様は全体像を知らないのですから、自由に話を展開させます。

　営業スタッフサイドで商談をリードしないと、すぐに話が脱線してしまうのも当然です。

　ダメ営業スタッフ時代の私は、商談時間は長かったものの契約数は非常に少なかったのです。

　トップ営業スタッフ時代のことです。

　商談数も契約数も増えました。

　となると必然的に一人のお客様に割り当てられる時間が少なくなりますし、次のお客様のアポイントもあります。

　ですから商談に入る前に「これから5分間私から提案させていただきます。その後修正点を話し合い、50分で終了になります」と終わりの時間と今日の大枠を決めてから商談をスタートするようにしました。

　このように"プリフレーム"したのです。

　それからは話が脱線して時間の割には進まない、ということが激減します。

　お客様は次から次へと興味がわくのも自然なことです。

　ですから、成り行きに任せていたのでは商談はうまく進みません。まずは商談の前に「これから○○の話をし、50分後に終わります」と伝えましょう。

　このように伝えることで営業スタッフ側もお客様側も無駄なく濃い商談ができるようになります。

ワンポイントアドバイス

途中で「あと残り20分です」と伝える

これぞ最強、"お品書き"で商談を進める方法

先ほど "プリフレーム" についてお話しさせていただきました。

それをさらに進化させたワザを伝えします。

それは "お品書き商談" という方法です。

お品書き商談とは "お品書きのように商談スケジュールを書いて、お客様に渡す" というものです。例えばこのようなものです。

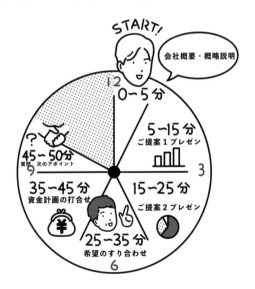

　商談前にお品書きをお見せし、「多少前後すると思いますが、今日はこのような予定で進めます」と伝えてからスタートするのです。もちろんこの通りに進まないこともあります。

　先ほどのメニューの"ご提案①：プレゼン"をお客様が気に入ったら、「ご提案②：プレゼンの10分間をご提案1の詳細説明に使おう」と変更してもいいのです。

　時間通り進まないとしても全体の流れをお互いに共有しておくことが大切です。

　これはリアルの面談でも非常に便利ですが、リモート商談ではもっと効果的です。

　商談をスタートする際、画面共有して「今日はこのような予定です」と全体像を見せてから進めるのです。リモート商談は画面越しのため、ミスコミュニケーションが起こりやすくなります。

　商談を始める前に全体像を示す方がいいのです。

　その全体像を見たお客様は「なるほど、こういうスケジュールなんだな」とフレームができるのです。

　慣れるまでは仲間や後輩とロープレするといいでしょう。

　実際やってみると「この部分は10分じゃ無理だから15分にした方がいい」ということがわかります。

　この準備が商談の成功率を飛躍的に上げるのです。

　お品書き商談をぜひお試しください。

ワンポイントアドバイス
前もってしっかり時間配分を決めておく

ツールやテクニックより「心から知りたい」という気持ちを持つ

　証券会社の営業スタッフとお会いした時のことです。

　30代の女性で感じのいい人でした。その女性はA4サイズのヒアリングシートとタブレットを併用しながらヒアリングしてきます。

営業：「まずは期間ですが、短期、中期、長期でしたらどちらになるでしょうか？」

私　：「そうですねぇ、中期から長期でしょうか」

営業：「ではリスクですが、ハイリスク、ミドルリスク、ローリスクはどうでしょう？」

私　：「ローリスクですかね」

営業：「では次におおよその投資金額と年収、そして……」

　けっこうな質問攻めにあったのです。

　はじめこそ感じがいいと思っていたものの、ヒアリングが始まってすぐに嫌になりました。質問攻めはおじさん営業でも女性からでも気持ちがいいものではないのです。

　実際、このように質問攻めしてくる営業スタッフは少なくありません。お客様から要望を聞きとるために質問は必要なことです

が、聞き方には注意しなくてはならないのです。

　知人のトップ営業スタッフのＳさんはとにかく話を聞くのが上手い人です。私も含め、まわりの人も「ついつい本音を話してしまう」と言っています。

　以前、Ｓさんに「話をうまく聞くコツは何ですか？」と質問したことがあります。

　その時は「ツールかテクニックかな」と予想していましたが、まったく違いました。

　そういったことではなく、「心から知りたいという気持ちが大切」というのです。

　テクニックに偏るとお客様は「何となく本音を話したくない」と思います。

　もちろんテクニック的なことも知っておいて損はありません。

　それ以上に目の前のお客様に対して「心からあなたのことを理解したい」といった気持ちで臨むことが大切です。

　そういったスタンスで話を聞くと、お客様は「この人なら相談してもいい」といった気持ちになるものです。

　この後もヒアリングの方法やテクニックについて紹介していきますが、まずはこの気持ちを忘れないでください。

ワンポイントアドバイス
テクニックより知りたいと思う気持ちが大切

5W2Hを中心に、さらに根幹部分 まで踏み込んでヒアリングする

　トップ営業スタッフは、ヒアリング力に長けています。

　会社で用意された"ヒアリングシート"だけで終わりません。

　ヒアリングシートとは、営業や商談の際に、ヒアリングでお客様から聞き出したい内容をまとめたものです。

　一般的にヒアリングシートは"5W2H"を基本としています。

What	：悩みは何か、何を改善したいのか
Who	：誰が決定権を持っているのか
When	：いつから始めるのか、どのくらいの期間で行うのか
Why	：なぜ必要なのか
Where	：どこで必要なのか
How	：どのようにサービスを使用するのか
How much	：いくらで購入を考えているのか

　これにプラスして「なぜその商品が必要なのか？」「どんな夢を実現させたいのか？」といった深い部分を徹底的にヒアリングするのです。その他にも「このタイプのお客様は潜在的に○○を悩んでいるかもしれない」と予想し、深掘りしていきます。聞き取った情報の質が違うので、プレゼン資料のレベルは格段に上がります。

　一緒に働いていたトップ営業スタッフの先輩を見ていて、「そこまで深く聞き込まなくてもいいのに……」と思うことがありました。マニアックで細かい内容まで聞き込み、入念にプランを練っていたのです。

　先輩はこの時点ですでに商談に勝利していたのかもしれません。

　どんなに競合が多くてもかなりの勝率をたたき出していました。

　トップ営業スタッフは、一歩も二歩も踏み込み、深い部分までヒアリングしています。

　まずはお客様の回答に対して「それはどうしてでしょうか？」と踏み込むようにしてみましょう。

　これだけで得られる情報量は断然多くなります。

　表面的なヒアリングだけをして準備した資料では、なかなかライバル社に勝てません。根幹部分まで聞き取れるかどうかが、勝負の分かれ目になります。

ワンポイントアドバイス
どんな回答に対しても「どうしてですか？」と質問してみる

"ヒアリング4ステップ"を回して信頼関係を深めていく

　先ほど"5W2Hを中心に、根幹部分まで踏み込んでヒアリングする"といった話をしました。

　では具体的には、どのように聞いていけばよいのでしょうか？

　私が推奨している方法で"ヒアリング4ステップ"というものがあります。このワザを知っておくと、非常にスムーズにヒアリングできるようになります。

　お客様から要望を聞き取る際、【承諾→質問→展開→確認】といった4サイクルを回していきます。

　この4サイクルは承諾から始まります。

　まずはお客様に「いくつか質問してもよろしいですか？」と承諾を得ます。このように聞けばほとんどのお客様は「はい、いいですよ」と答えるものです。

　次に用意していた質問をします。

　例えば「今お使いの商品にお悩みがありますか？」という質問に対して、「ちょっと古くなってきたからね」と答えたとします。

　そこで終わりではなく「ちょっと古くなったということですが、いつごろ購入されましたか？」と展開して深掘りしていくの

です。

　2～3項目質問したら、今まで聞いたことに関して「今お使いの商品は5年前に購入して故障が多くなったということですね」と確認します。

　お客様から聞いたことに関して、メモをして口に出して確認します。

　"ヒアリング4ステップ"を回していくことで、お客様から要望を聞き取りながら信頼関係を構築できるのです。

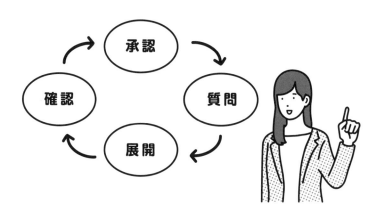

ワンポイントアドバイス

実際に紙に書いてメモを残す

正確な情報をつかむための「必要なことだけ質問させてください」

商談を成功させるためには、お客様から要望をじっくりとヒアリングする必要があります。お客様の要望を聞かなければ、要望にマッチした提案ができないからです。

「いかに深い部分まで聞き取れるか」が勝負を分けます。

先ほどご紹介した“ヒアリング4ステップ”を使っていただければいいのですが、ここでさらに深く聞き込めるワザをご紹介します。

50代の女性の営業スタッフのことです。

お客様にヒアリングを始める際に「これから必要なことだけ質問させていただきます」と伝えます。

ただ単に「質問させていただきます」と言うのと、「必要なことだけ質問させていただきます」と言うのでは、お客様の受け取り方が違ってきます。

言われたお客様は「必要なことなんだから正直に話さなくては」と真剣になります。

また言った営業スタッフも無駄な質問ができなくなります。

お互いに集中力が高まるのです。

　浅く広くヒアリングしても、深い情報は聞き出せません。

　この質問をすることで"深くそして正確な情報"を入手することができます。

　"深く正確な情報"を持っている営業スタッフと"表面的な情報"しか持っていない営業スタッフのどちらが勝つでしょうか？

　よほどの実力差がない限り前者の営業スタッフが勝利します。

　このワザで深い情報を手にしたあなたは、ライバルの営業スタッフと提案に圧倒的な差をつけることができるのです。

ワンポイントアドバイス
聞き取った情報を正確に提案書に反映させる

「これだけは避けたいことを教えてください」で外堀から聞き出す

　商談が成功するかどうかは、お客様の要望をしっかりヒアリングできるかどうかにかかっている、といった話をしてきました。

　予算、購入時期、大きさ、好みなど基本的なことから「どうしてもこれを実現したい」といった本質的なことまで深く聞き込みたいところです。

　ただ、すべてのお客様がすんなり話してくれるわけではありません。

　自分自身でもわかっておらず、ハッキリ答えてくれないお客様も多いのです。

　こういったケースはどうすればよいのでしょうか?

　このようなお客様の場合は、まず"これだけは避けたいこと"から聞いていくといいのです。

　自己啓発の本では"本当にやりたいことを知るために、まずはやりたくないことを書き出す"といった方法が書かれています。

　このワークをすることで、本当にやりたいことが見えてきたりします。

　これと同じように要望がハッキリしていないお客様に対して、「これだけは避けたいことを教えてください」と質問するのです。

　この質問ならば、なかなか話してくれないお客様も何かしら答えてくれます。

　これを聞くことで外堀が埋まり、要望が見えてくることもあるのです。

　この際「私たち営業スタッフに、“これだけはして欲しくないこと”はありますか？」と聞いてみるのです。

　この質問はお客様もわりとすんなり答えてくれますし、聞いておくと後々便利です。

- 電話で連絡してほしくない　→　メールで連絡する
- 予算オーバーの提案は困る　→　予算内で最高の提案をする
- 急がされるのが一番イヤ　→　時間的に余裕を見ながら進める

　　　　　　　　　　　　　　　　　　　　　　　　　　　などなど

　こういった情報はその後の商談の進め方に非常に役立ちます。

　ハッキリした要望を答えてくれないのでしたら、まずはこれだけは避けたいことからヒアリングしてください。

　そのうちに「そうそうこれが欲しかったの」と本当の要望が出てきます。

ワンポイントアドバイス

避けたいことを答えていくと、やりたいことが浮きあがってくる

伝えたいことを"ポストイット"に書いて提案書を提出する

　商談に失敗する原因の第一位は、"営業スタッフのしゃべり過ぎ"です。

　「時間をかけて作った提案書をしっかりと伝えたい」という気持ちはわかります。

　ただ、それが長くなるとお客様は聞き疲れてしまい、ほとんど伝わらずに終わってしまうのです。

　そうならないために"ポストイット"を活用します。

　提案書であれば

- 前回お聞きした要望をこちらで反映しております
- この部分に工夫を施しています
- この部分の強度は他社の1.5倍です　　　　　　など

　この部分は知ってほしいといったことを書いて貼っておくのです。

　口頭で聞くと入ってこない話でも、文字として自分で読むとスッと頭に入りやすくなります。

　トップ営業スタッフ時代、提案書にこういったポイントを張って提案書をお見せしました。

　「こちらが提案書です」と言って、しばらく黙るのです。

　しばらくするとそれを見たお客様が「やっぱりこの部分をこういった感じに変更して欲しいのですが」と言ってきます。

　この方がはるかに話はうまく進みます。

　さらに金額の話はとくに効果的です。

- 月々の支払いはこちらです
- このオプションをつけると〇万円アップします
- 今月までにご契約いただけるとこの商品をサービスできます

などなど

　こういった金額の話も、口頭で説明すると「あら、意外に高いじゃない。やめようかな」となってしまいがちです。

　書いてある金額を見てお客様は自分で考え「あとこのくらいコストダウンしたいのですが」と言ってきたりします。

　勝手に説明を続けるより何倍もスムーズに話が進むのです。

　言いたいことはポストイットに言わせる。

　ぜひ商談でお試しください。

ワンポイントアドバイス
お客様が思わず質問したくなるような内容を書いておく

商談の中に“予習と復習”を組み込んでみる

　以前、予備校講師の方とお会いした時のことです。

　この方の予備校は歩合制です。

　リモートの閲覧数なども含め“何人の生徒が受講したかで給料が決まる”といったシステムです。

　生徒が集まらない限りバイトをしないと食っていけない、というシビアな世界です。

　完全歩合制の営業の世界と近いものがあります。

　その話を聞いた時は、「話が面白い先生が人気なんだろうな」と思っていました。

　ところが実際には「授業の中でしっかりと復習と予習をしている講師は人気がある」という話をしていました。

　話が面白いだけでは長期的に生徒は集められないというのです。

　「復習と予習なんて、意外に普通だな」といった印象を持ったものの、実際やっている講師の人は少ないと思います。

　私自身、大学ではその日の内容だけ話をし、前回の振り返りや翌週の内容などは一切話していませんでした。

　予備校で人気のある講師は、まずその日の授業内容に入る前に

「前回は○○という内容だったけど、覚えているかな。ポイント
は……」と軽く復習をします。

　こう言われた生徒は「そうそう、前回は○○だった」と思い出
すものです。

　そして授業をします。

　授業の終わりの1〜2分を使い、「来週は△△の授業をする。コ
ツさえつかめば簡単だから」といって、少しだけ触れておくので
す。

　この方法を聞いてすぐに取り入れました。

　それからは、学生たちが何倍も話を聞いてくれるようになった
のです。

　これは商談で応用できます。

　2回目の商談を始める前に、「前回はこの商品の話をしました。
ポイントは……」と復習をします。

　その後、商談に入ります。

　終わり際に「次回は最も大事な資金について打ち合わせをさせ
ていただきますね」と予告しておくのです。

　このように進めれば、お客様が圧倒的に理解しやすくなります。

　商談に予習と復習を組み込んでみてください。

ワンポイントアドバイス
復習用資料、予習用資料など目で見てわかるツールを用意しておく

選んでもらう時は前もって絞り、二択で提案する

　私の知人たちはなぜか、"ボディメイク"にハマっている人が多くなりました。

　筋トレをしてプロテインを飲んでいるのです。

　私もまわりの人たちから影響され、少しだけ体を鍛えようと思い、プロテインとチーズを買いそろえることにしたのです。

　まずは薬局でプロテインを探してみることに……。

　思いのほか種類が多く、見れば見るほど迷ってしまいます。

　いろいろ見た結果、「もう少し調べてからにしよう」と後回しにしたのです。

　それからスーパーへ向かいます。

　チーズもスゴイ数の種類があります。

　こちらもいろいろ見ているうちに、わからなくなります。

　結局は「どれも一緒だから一番安い物でいい」となったのです。

　今はどんな商品でも選択肢がたくさんあります。

　これは一見嬉しいことに感じますが、多すぎると決められなくなるといったデメリットもあります。

　その業界に詳しい人は別として、一般の人たちは最終的に値段

かデザインで決めてしまうものです。

　これはお客様に提案するときも言えることです。
　例えば「こちら10種類からお選びいただけます」と提案したらどうでしょうか?
　提案された時は「たくさん選べていい」と思うかもしれません。
　しかし、さんざん迷った挙句、「また今度決めます」といったことになるかもしれません。
　時間の無駄になるのです。

　お客様に提案するのなら、前もってベストなものを選び「たくさんありますが、こちらの2つがおススメです」と二択で提案します。
　この2つから選ぶお客様も少なくありません。
　また選ばなかったとしてもこの2つを基準として、「これより色が濃い方がいい」などと選ぶ際の指針になるのです。

　提案するときは前もって絞って二択で提案してみてください。
　お客様を迷わせることなく、お互いの時間短縮になります。

ワンポイントアドバイス
自由に選択させるのではなく、こちらが選んで導いてあげる

第5章

確実に契約に導く
クロージングのスキル

「手続きは簡単ですし、なんだったら私がやりますから」と言う

　ネットを見ていると、さまざまなお得情報を目にします。

　「5のつく日割引」「キャッシュバック」「ポイントサービス」「クーポン券」などなど。

　簡単に手続きできるサービスもありますが、手続きが複雑でなかなか特典までたどり着かない場合もあるのです。

　少し前に、飲食店のテーブルに "アプリをダウンロードして登録すればスイーツがもらえる" というものを見つけたことがありました。

　せっかくだからと試みたところ、なぜか上手く手続きが進みません。

　原因がわからず、結局諦めたのです。

　提供する側は「こんな簡単な手続きならば、誰でもできるだろう」と思っていますが、受け取る側は意外にできないのです。

　お客様の多くは、買う決断をしても「手続きが面倒くさそう」と思っていたりします。

　こういった壁を打ち破る一言を言えるかどうかで、クロージングが成功するか失敗するかが決まるのです。

　以前、スーツを買おうか迷っていたことがありました。

　その際、店員さんが「今、会員登録してもらえれば20%値引きできます。手続きは簡単ですし、なんだったら私がやりますから」と言ってくれます。

　私は思わずスマホを渡して登録してもらい、すぐに購入を決めたのです。

　この店員さんは親切な人で、いくつかの質問から状況を判断し、ベストな提案をしてくれました。

　ただ「会員登録や手続きが面倒だな」と感じていました。

　そこでの「会員登録を私がやりますから」という言葉は大きな後押しになります。

　こういった一言でお客様は買うことを決めるのです。

　売る側は毎日やっていますから、簡単だと思うかもしれません。ここに落とし穴があります。

　意外にも「買おうとも思ったけど、進め方がよくわからない」と些細なことに引っかかっているお客様も少なくないのです。

　しかもそのことに関して、実際に口に出して言ってはくれません。お客様が引っかかっている障害をこちらで取り除くようにしましょう。

　親切な一言で購入を決めることもよくあるのです。

ワンポイントアドバイス
簡単なことでもひとつひとつ丁寧に説明し誘導する

ワントーン低い声で
クロージングしてみる

　娘の付き合いでスマホショップに行った時のことです。

　私はスマホにこだわりはないので買い替える気もなく、そこにいただけでした。

　時間つぶしに最新のスマホを見ていると、店員さんが近づいてきて「こちらのスマホはスピードが早くストレスがありませんよ」と説明してきます。

　私はそれほどスマホを使わないですし、ゲームもしません。

　機種変更をする気はありませんでしたが、説明だけは聞いていました。

　何かのタイミングでスマホを見せると「容量が足りなくて困ったことはありますか?」と質問してきます。

　確かにそれは感じたことがあります。

　ちょっと引っかかっていた部分でもあります。

　しばらく話を聞いているうちに「せっかくだから娘のものと同じものに替えようか」と思ってきたのです。

　そこで店員さんはワントーン低い声で「新しいものに変えれば便利になりますし、毎日がワクワクしますよ」と言ってきます。

　当たり前のトークだったものの、納得し購入を決めたのです。

　クロージングはワントーク低い声が効果的です。

　その逆のこともありました。
　今まで落ち着いた声だったのにも関わらず、クロージングの際、急にトーンが上がった営業スタッフがいました。
　急に怪しく感じて購入を見送ったのです。
　クロージングの際は意識してワントーン下げみてください。
　その方が何倍も成功率が上がります。

ワンポイントアドバイス
ここだ！　という時こそ冷静に話を進める

説得をするのをやめ「これについて知っていますか？」と聞く

　ダメ営業スタッフ時代のことです。

　定期的に営業研修を受けてしました。

　今考えれば、無料で営業研修を受けられるなんてありがたい話ですが、当時の私はイヤイヤ受けていたものです。

　当時の研修は営業スタッフが並んで座り、その前で講師が話をするといったようなスタイルでした。

　一方的に話を聞くのはかなりの忍耐力が必要です。

　しかもほとんど記憶に残らなかったのです。

　これはお客様とのやり取りでも言えます。

　営業スタッフからの説明を一方的に聞いて「じゃあ、それを購入しよう」というお客様はほとんどいません。

　逆に説得されればされるほど、買う気がなくなります。

　トップ営業スタッフはお客様を説得して買わせるのではなく、効果的に質問をしてお客様に商品についての話をしてもらうようにしているのです。

　例えば、このような感じです。

営業　：「こちらの商品について何か知っていることはありますか？」

お客様：「口コミではいい評価をされていましたね」

営業　：「ありがとうございます。○○さんはどういう印象をお持ちですか？」

お客様：「いいと思いますよ。こういったタイプは好みです」

営業　：「どんなところが好きなのですか？」

お客様：「デザインも私好みですし、値段もちょうどいいところですしね」

　その商品について話してくれれば、購入へのモチベーションが一気に高まります。

　お客様を説得してクロージングするのではなく、お客様に商品について語ってもらった方がいいのです。

　こういったことを"自己説得効果"といいます。

　自己説得効果はどんなトークよりも最強なのです。

　商品説明や説得する時間を減らし、お客様にその商品について話してもらう時間を長くするようにしましょう。

　お客様が話す時間が長くなるにつれ、話がスムーズに進むようになります。

ワンポイントアドバイス
自分2割、お客様8割の配分で会話をする

お客様から「今、決めた方がいいね」と気づくように誘導する

　先ほど "説得するのをやめ、「これについて知っていますか？」と聞く" という話をしました。これをクロージングに応用します。

　誰でも上からものを言われたり、命令されたりすると反発するものです。

　知人のことです。

　知人は娘との関係が悪化したことに悩んでいました。

　ソファーでだらだらとスマホをする姿を見て「もっと勉強量を増やさないとダメだ！」と注意していました。

　言われたら娘は反発してより勉強をしなくなります。

　当然そうなりますよね。

　反省した知人は作戦変更し、「どうすれば成績が上がると思う？」と質問するようにしました。

　娘さんは少し考えてから「やっぱり勉強の時間を増やないとね」と答えます。

　それからは親子関係も修復され、成績も上がったというのです。

　同じようなことでも、質問して自分で気がつくように導いた方がいい結果につながります。

ある日のゴルフでのことです。

ずっと調子が良かったものの、その日は絶不調で何をやっても上手くいきません。そんな姿を見た知人が「なんかいつもよりスタンスが広い感じだけどどうかな？」と声をかけてくれました。

その一言で「そうか、だからダフッていたんだ！」と気がつきます。それからは調子が戻り、まあまあのスコアでラウンドできたのです。

この知人のように"相手が気づくようにアドバイス"してくれる人はありがたいものです。

商談しているお客様が決断できずに迷っているとします。

どう考えても今、決断した方がいい状況です。

そんな時は思わず「今が買い時です。先延ばしにしたら絶対損しますよ」などと言ってしまいがちになります。

そう言われると反発心が生まれ、決めたくなくなります。

できる営業スタッフはそのような言い方はしません。

買い時のお客様に対して「今、購入するのと3月まで待ってから購入するのではどちらがいいと思いますか？」と質問します。

するとお客様は少し考えて「やはり今、購入した方がメリットは大きいですね」と答えたりするものです。

クロージングの際、お客様自身が自らメリットがあることに気づくように上手く質問することで、お客様は自ら決断するのです。

ワンポイントアドバイス
お客様の決断を促す質問を用意しておく

そっと背中を押す
「先に進めていいですか？」

　お客様と商談していたときのことです。

　競合もなくスムーズに話が進んでいました。

　3回ほど商談を重ね、いよいよクロージングです。

　見積書や資金計画書などすべて提出し、ガチガチに力みながら「ぜひこの条件で契約してください！」と決断を迫ったのです。

　するとお客様からは「う〜ん、もう少し検討したいので……」と歯切れの悪い言葉が返ってきます。

　「このお客様は契約できる」と期待していただけに、ガッカリしたのです。しかも一度決断を迫って断られると、次のアポイントが取りにくくなります。

　このお客様とはアポイントが途絶え、自然消滅したのです。

　「ここが決め時だ」と判断してクロージングしたお客様にあっさり断られた、という経験を一度や二度はしたことがあるでしょう。これはショックが大きいものです。

　私は長い間、クロージングとは一発勝負だと思い込んでいました。そこで決まれば問題ありません。

　ただ「もう少し考えたい」とかわされると、かなり気まずくな

ります。タイミングの判断も言い方も非常に難しいのです。

　売れる営業スタッフは、過去の私のようにガチガチに力んで「ぜひ契約させてください！」と迫ったりしません。

　そうではなく「これで話を進めてもよろしいでしょうか？」とサラッと背中を押します。

　お客様は商品を気に入り、条件面で納得すればお願いされなくても自分から話を進めます。

　あくまでも話を進めるかどうかを決めるのはお客様というスタンスなのです。

　ただ、優柔不断なタイプのお客様に対して「どうされますか？」と問うと、「どうしましょう……」と決断できないことが多くあります。ですから「話を進めてもいいですか？」といった言い方をするのです。

　お客様が承諾したら「では契約の手続きについて説明します」と話を進めます。

　この聞き方の最大のメリットは、もしNoだったとしても「ではもう少し相談しましょう」と普通に商談へ戻れることです。

　引っかかっている点をお互いに相談し、次のタイミングでまた「話を先に進めてもいいですか？」と言えばいいのですから……。

　これでしたら、経験が浅い人でもクロージングができるようになります。この気まずくならないクロージング方法をぜひお試しください。

ワンポイントアドバイス
クロージングに失敗した時、サラッと「ではそこを相談しましょう」と言う

トップ営業スタッフは、
最後に見積書を出す

　営業スタッフ時代のことです。

　30代のお客様と商談をしておりました。

　歳も近く共通の話題もあり、とてもいい雰囲気で商談を進めていたのです。

　要望をヒアリングして提案書を出します。

　お客様から「これでいいと思います」という合意を得られたため、満を持して見積書を出しました。

　ところが見積書を出した途端、連絡がぷっつりと途絶えます。電話にも出てくれませんし、メールの返信もありません。

　そのままこの商談は消えていました。

　こういった経験をするたびに人間不信に陥ったものです。

　どんなに気持ちを込めて徹夜でプレゼンを作ってもなかなか契約にならない……といった悩みを持っている営業スタッフは少なくありません。

　私も長年苦しんでいました。

　とくに競合がひしめくお客様はほぼ全敗だったのです。

　ある時、トップ営業スタッフの方にその悩みを打ち明けたとこ

ろ、「見積書は最後に出さないと決まらないよ」と言われたことがありました。

　確かに見積書を競合相手より先に出せば不利になります。

　その見積書をもとに交渉されてしまえば、その時点で敗戦濃厚です。

　そのスキルは知っていたものの、お客様から「3日後に出してください」と言われてしまうと難しくなります。

　その時は「最後に出した方がいいのはわかっているけど、自分にはできない」と思っていたのです。

　そこで考えたのが“見積書をツーステップで出す”という方法です。

　まず、一度目の見積書はお客様の要望をヒアリングし“ざっくりとした概算の金額”を伝えます。この時点でお客様が難色を示したなら金額など修正していくようにします。

　それから商談を続け、最後に明細の見積書を出すのです。

　これなら普通の実力の営業スタッフでも実行可能です。

　さらに私は工夫して「会社でいい条件を取り付けるので楽しみに待っていてください」と期待を持たせておきます。

　すると多くのお客様が私の見積書を待ってくれたのです。

　このスキルで見積書を最後に出すようにすれば、契約率は何倍にもアップします。

ワンポイントアドバイス
いい条件をエサに見積書提出を待ってもらう

お客様を安心させる「これを売っても私にはメリットがありません」

営業のノウハウというのは、本やトップ営業スタッフから話だけではなく、身近なところから学ぶこともあります。

とくに自分が買う立場になった際に、いい気づきを得られることがあるものです。

娘の塾について検討していた時のことです。

担当者の話を聞いて「ここに決めよう」と思っていました。

クロージングについては「今、決めていただければ来週の水曜日から授業が受けられます」といった普通のトークでした。

クロージングの中に"来週の水曜日から授業が受けられる"というメリットもキチンと埋め込まれています。

もともと「問題が無ければ入会しよう」と思っていたので、抵抗なく決断できました。

入会を決め、書類にサインしていると、担当者が「あとプラス○○円で、こちらの教材もお使いいただけます」と提案してきます。

クロージングが決まってからのアップセルです。

　アップセルとは"購入を決めたお客様に対して、オプションを提案する"といった手法です。

　一度購入を決めたお客様は、財布のヒモがゆるくなりがちになります。

　いわゆる、ハンバーガーを購入した後に「ポテトもいかがですか？」と一声かけて売り上げを増す方法です。

　セールスとしては常套手段なため「ちょっと嫌な感じだな」という印象を持ったのです。

　この担当者は優秀で、私のその雰囲気を察知したのでしょう。

　すかさず「これを売っても私にはメリットがないんですよ。ただ使いやすいからと思いまして」と付け加えたのです。

　アップセルをしてもマージンがもらえないとのことです。

　この事実が本当かどうかわかりませんが、このプラスアルファトークで「だったら信用できるかな」と思いました。

　結局、すべての教材は購入しなかったものの、この担当のおススメを購入することにしたのです。

　メリットを含ませた自然なクロージングからのアップセル。

　これは見事です。あなたの商品でも参考になる部分があると思います。

　ぜひ参考にして、クロージングからのアップセルの流れをつくってください。

ワンポイントアドバイス
契約後のアップセルトークを準備しておく

契約後のキャンセルを防ぐワザ

契約時は自信をもって「私にお任せください！」

　以前、ある会社との契約時のことです。

　その会社は研修の仲介をしてくれます。

　いろいろ検討してこの会社に決めました。

　契約時にその担当者が丁寧にお礼をしてくれたあと「足手まといにならないといいのですが……」といった言葉を付け加えたのです。

　その担当者は「謙遜したほうがいい」と思っているのかもしれません。

　しかし、私としてはその一言でちょっと不安になりました。

　やはりここは「しっかりやりますので、私にお任せください！」と力強く言ってほしかったのです。

　お客様と商談を重ね、クロージングに成功。

　晴れて契約になりました。

　その時、あなたはどんな言葉をかけているでしょうか？

　契約時に「若輩者で、うまくできるかわかりませんが……」などと言ったらどうでしょう？

　たちまちお客様は不安になり「他の会社の方がよかったな」と

後悔し始めます。

　余計な一言で"キャンセルの元"を芽生えさせてしまうのです。

　そうではなく、自信をもって「私にお任せください！」と宣言してしまいましょう。

　その一言でお客様は「この人に決めてよかった」と思うのです。

　契約時は自信のある言葉を使う。

　謙虚な人ほど注意してください。

ワンポイントアドバイス

契約後は堂々とした態度で力強い言葉を伝える

断られたお客様に「こんな時はご相談ください」と伝える

　知人の女性営業スタッフが「半年間商談していたクライアントに断られて落ち込みましてね、3日間食事もろくにのどを通りませんでしたよ」と話してくれました。「おかげでダイエットになって良かったですが」と付け加えていましたが……。

　時間をかけて何回も商談していたお客様にクロージングをして断られるというのは悔しいものです。

　営業としてあまり経験したくありません。

　さらにキツイのは、その断りを上司が受け入れてくれないことです。

　営業スタッフ時代は、クロージングの失敗を上司に報告すると「一度くらい断られたのがなんだ、もう一度お願いしてこい！」と活を入れられたものです。

　そしてしぶしぶお客様のところへ行き、「もう一度チャンスをください！」と粘ったこともありました。

　しかし、やればやるほど逆効果になります。

　「もう決めたことですから」と断った理由をより強固にしただけだったのです。

　これは私が買う立場になってから実感したのですが、断るにもかなりの労力を使います。

　以前、相見積を取った会社に「いろいろとお手間をかけましたが他で決めました」と断りの電話を入れたことがありました。

　その後、その営業スタッフに粘られます。

　断られた後にしつこくされるほど嫌なものはないのです。

　こういった場合どうすればいいのでしょうか？

　こんな時こそアナログツールの手紙が威力を発揮します。

　断った後にあれこれ言われるのは嫌ですが、手紙なら比較的抵抗なく読むことができます。

　もちろんメールで送っても構いません。

　お客様の心理というは決めた直後、すっきりした半面「やっぱりA社じゃなくてB社の方が良かったのでは……」という気持ちがどこかに残っています。

　そんな時に、こんな文章が届いたらどうでしょう？

　『契約後は○○についてお困りになる事もあるかもしれません、その時はぜひ私にご相談ください』

　契約を取った会社の営業スタッフは、油断してフォローを手薄にすることだってあるのです。

　そんな不満を持った時であれば、心はグラッと動きます。

　クロージングに失敗したらソフトに文章でアプローチしてみましょう。

ワンポイントアドバイス
断られた時用のツールを準備しておく

お客様に断られてから
三手打つ

　商談をしているお客様から「今回は申し訳ありませんが、他社に決めることにしました」と言われることがあります。

　お客様からの断りです。

　時間と労力をかけたお客様からであれば、かなりのダメージを受けます。

　これをゼロにできれば最高なのですが、勝率100%というのはどんなに凄腕営業スタッフも無理なのです。

　ただここでトップ営業スタッフは、ただ単に泣き寝入りはしません。

　知人のトップ営業スタッフは「お客様から断られてから三手打つ」といった話をしていています。

　と言っても「そこを何とか、もう一回考え直してくださいよぉ〜」などとしつこく粘るというのではありません。

　そんなことをすれば嫌われるだけです。

　その営業スタッフはお客様から断られたら、以下のような三手を打つといった方法を取ります。

> **一手**：「こんなことがあったらご相談ください」というメール
> 　　　を送る
> **二手**：商談をしてくれたことに対しての感謝の手紙で送る
> **三手**：アンケートを書いてもらう

　お客様によって多少変えますが「この方法でけっこうな数の逆転に成功しましたよ」と言っていたのです。

　断られてそのまま終わりではノーチャンス。

　それはもったいないことです。

　やみくもに粘るのではなく、何か手を考えてチャンスをうかがうようにしてください。

　ひとつでも逆転で拾えれば儲けものです。

　こうしたことが、大きな結果の差につながります。

　まずは真剣に商談に臨んでしっかりとクロージングしてください。

　その結果、断られてしまったら「ここから何か三手打つ」と考えてみましょう。

　わずかな行動から逆転劇が起こることもよくあります。

ワンポイントアドバイス
最後まであがく営業スタッフが勝つ

第6章

アフターフォロー・
紹介のスキル

契約が決まったら、お金をもらうか契約書にサインしてもらう

　自宅のエアコンを買い替えようと思った時のことです。

　近くの家電量販店に行くことに。

　そこで適度な商品を見つけて、話を聞くことにしました。

　少し前に実家のエアコンを交換したばかりだったのでだいたいの金額は把握しています。

　店員さんは「現地を見ないとはっきりわかりませんが、おおよそ〇〇万円です」と総額を提示してくれたのです。

　本体は適正価格ですが、工事費はちょっと高いなという印象でした。

　ただ本体価格は値引き額が大きく「トータルでは安い」と判断し、購入を決めたのです。

　支払いについて話をすると「支払いは現場を見て正確な金額がわかってからで結構です」と言います。

　簡単な書類を交わした程度で、その日は帰りました。

　家に帰った際、何気なくパソコンで検索すると、もっとお得な商品が出てきます。

　急に「やっぱり急いで決めるんじゃなかった」と浮気心と後悔心が芽生えたのです。

　キャンセルはしなかったものの「これが、お客様が浮気をして
キャンセルする心理状況なんだ」とつくづく実感しました。

　もしその店員さんが「差額はあとで計算するとして、こちらの
金額をお支払いください」と言ってきたらどうでしょう。
　その場でお支払いしてしまえば、浮気心は芽生えなかったで
しょう。

　購入が決まったからと言って、お客様の気が変わらないとも限
りません。
　決まった瞬間にお金をもらうなり、契約書にサインしていただ
くなりしてもらってください。
　契約後のキャンセルほど、ダメージが大きいことはありません。

ワンポイントアドバイス
わずかな手付金でもいいので、お金をもらっておく

契約後のお客様に「今ここまで進んでいます」と連絡する

　コンサルタントの先輩から「菊原さんは、とにかく報連相がマメですから安心できます」と褒められたことがあります。

　仕事のやりとりをしている時にマメに報告したからでしょう。

　これは営業スタッフ時代に身に着いた習慣です。

　ただし、これがはじめからできていたわけではありません。

　ダメ営業スタッフ時代は、ご契約いただいたお客様にまめに連絡を取っていませんでした。

　その時は「下手に連絡したら面倒なことになる」と考え、最小限の報告しかしませんでした。

　その結果、問題やトラブルが多く発生することに……。

　お客様との信頼度は契約した時がピークで、その後どんどん下がっていったのです。

　その一方、成績のいい先輩はとにかくお客様によく報告するタイプでした。

　そのせいか先輩は現場でのトラブルがほとんどありません。

　その姿を見て「これは見習うべきだ」と反省し、取り入れるようにしました。

　お客様にこまめに報告するようになってからは、トラブルは激減したのです。

　扱っている商品によって異なりますが、考えれば報告することはたくさんあります。
「プログラムが75%以上完成しました」
「明日か明後日に書類が届きます」
「今週末にメンテナンスを予定しております」などなど、今後の予定や進捗状況を報告します。

　見込み客に何度も電話すると嫌がられますが、既にご契約いただいたお客様への電話は喜ばれます。
　お客様はどのように進んでいくかを、はっきりとは理解していません。どんな細かい情報でもありがたいと思います。
　前の内容の報告であっても「この営業スタッフは良く面倒をみてくれる」と信頼関係が深まっていくのです。

　多くの営業スタッフは契約後、疎遠になりがちです。
　次の新しいお客様を探さないといけないからです。
　そんな中、しっかりフォローすることで「この人は信用できる」と思ってもらえます。
　契約後のことを、まめに報告しましょう。そのことでお客様とのトラブルを減少させ、やがては紹介も生むのです。

ワンポイントアドバイス
週に3回は、何かしら報告する

商談中のお客様に"過去に買ってもらったお客様"とのやり取りを話す

私がトップ営業スタッフになったときのことです。

営業のやり方をいわゆるリモート営業に変えたため、移動時間が激減します。

だからといって一日中事務所にいるのもストレスがたまります。

気分転換も兼ねて定期点検などで、ちょくちょく購入後のお客様のところへ行くようになったのです。

購入後のお客様へ顔を出すようになってからは、追加工事やご紹介の話をいただくことができました。

やはり顔を出す効果は大きいです。

顔を出すことで関係が深まったのはもちろん、さらに意外な効果が現れてきます。

それは商談しているお客様とうまく話が進むということです。

購入後のお客様と接する機会が増えたことで、お客様が後悔している点や満足している点がリアルに理解できるようになります。

例えばですが、ちょっと高額な設備について「10年前にお引き渡ししたお客様の家にお邪魔したのですが、その際"この設備は使いづらい"と言っていました」とアドバイスできるようにな

ります。

　このようにカタログ上の話ではなく、実際の生きた情報を提供できるようになっていたのです。

　購入後のお客様の話を交えることにより「菊原さんは10年前のお客様とも付き合っているのか。買った後もきちんと面倒を見てくれそうだ」といったイメージを持ってもらえます。

　こういった一言はお客様から好感を持たれます。

　商談からクロージングまでスムーズに話が進められるようになったのです。

　過去の私は契約後にキャンセルになったり、クレームになったりしていました。

　原因は購入後のお客様とは、関係が希薄になっていたからです。

　定期点検の日でも、クレームが発生したとしても、「他に予定があるから」と言ってアフターメンテナンスの部門に丸投げです。

　その時は「そんなところへ行っても契約が取れるわけでもないし、クレームをもらうだけだ」と思っていたからです。

　当然、紹介などもらえませんし、商談中のお客様から見ても面倒見の悪い何の魅力もない営業スタッフだったのです。

　契約後のお客様を大切にしてください。

　そういったスタンスは新規のお客様に必ず伝わります。

ワンポイントアドバイス
買ってもらったお客様との関係を良くすれば契約数は伸びる

「〇〇をやってみました」という動画を作って説明する

　営業スタッフにとって"お客様から紹介がもらえるかどうか"は非常に重要な要素になります。

　紹介いただいたお客様は話がスムーズに進みますし、契約率も高いのです。

　長年トップの成績を維持している営業スタッフは、契約したお客様から一定数の紹介をもらい、楽しそうに営業活動をしています。

　一方、ダメ営業スタッフは、契約したお客様から紹介がもらえず、常にお客様を探しまわる苦しい状態です。

　営業を少しでも経験した人であれば、紹介をもらえるかどうかが、いかに成績に左右するかをよく知っているでしょう。

　ハウスメーカーのトップ営業スタッフとお会いした時のことです。契約のほとんどは紹介という凄い方でした。

　その秘訣を聞いたところ「ひとつひとつのイベントを丁寧にすることですね」といった回答が返っていました。

　もう少し具体的に聞き込んでいくと「例えば地鎮祭にしても上棟式にしても、思い出に残るよう心がけています」と教えてくれ

たのです。

　家づくりをスタートする前に神主さんを呼んで地鎮祭という、土地を利用させてもらう許しを得る儀式のようなことを行います。

　ほとんどのお客様は地鎮祭をやった経験がなく戸惑います。

　そこで簡単な"地鎮祭についてまとめた動画"のようなものでわかりやすく説明するというのです。

　はじめは「お子さんにわかりやすく伝える」ことが目的だったようですが、大人に好評でそのまま続けているとのことでした。

　地鎮祭の意味と目的を理解してもらえれば、式への思い入れが強くなります。

　こうしてひとつひとつのイベントを思い出深いものにしていくのです。

　紹介をもらう方は大きなことをしようとするのではなく、"ひとつひとつわずかな違い"を積み上げています。

　あなたの扱っている商品でも、こうした工夫ができることが必ずあります。

　まずはひとつでいいので、お客様の印象に残る工夫をしてみてください。

ワンポイントアドバイス
小学生でもわかるような内容で作成する

大満足させると考えるのではなく、「お客様の期待を1%でも上回ればいい」と考える

　先ほどの項目では"「○○をやってみました」という動画を作って説明する"といった話をしました。

　そう聞いて「ITに弱くて動画とかはうまく作れそうもないし……」と思った人もいるかもしれません。

　もちろん自分ができる範囲でいいのです。

　それも大げさに考えなくていいんです。

　ダメ営業スタッフ時代に、よく紹介をもらう先輩が近くにいました。

　その先輩がいつも言っていたのは、「お客様の期待を上回るサービスを提供することが大切だ」ということでした。

　私はその言葉に対して、「お客様の期待をはるかに上回るサービスをしなくてはならない」と勘違いしてしまったのです。

　ですから「サプライズ的なサービスは自分には無理だな」とはじめから挑戦すらしなかったのです。

　以前、保険のトップ営業スタッフとお会いした時のことです。

　この方はさらに凄い人で、ほぼ100%の契約をお客様の紹介か

ら取っていると言います。

　謙遜かもしれませんが、その営業スタッフは「マメでもないですし、仕事もできる方ではありません」と言います。

　話を聞きながらも、「どうして紹介がもらえるのだろう？」と不思議に思っていました。

　その営業スタッフが教えてくれたのは、「なにも大げさに考えず、お客様の期待を1%でも上回ればいいんです」といったことです。

　ほんの少しだけ上回ればいいことであって、なにも大感動を与えなくてもいいと言うのです。

　そう考えるといろいろなアイデアが出てきます。

- 5日後に約束していた資料を1日早く出す
- 外で商談する際、時間より少し早く行っていい席を取っておく
- ちょっとしたプレゼントを差し上げる　　　　　　などなど

　こういった些細な満足でいいのです。

　お客様に凄いことをして感動を与えようと思うと、難しくなります。

　そうではなく「相手の期待を1%上回ればいい」と考えれば発想は広がるものです。

　お客様の期待値をほんの少しだけ上回る工夫をしましょう。

ワンポイントアドバイス
ほんの少しでもいいので、自分ができることをする

お客様に「〇〇のプロです」と紹介フレーズを伝える

　私自身、常にお客様が枯渇している苦しい時代も経験しましたし、常にいいお客様が集まってくるいい状態も経験しました。

　いい状態になった時はお客様からの紹介も増えたものです。

　その時はただ単に紹介依頼をするのではなく、"お客様が紹介しやすい工夫"をしていました。

　ではここで、トップ営業スタッフ時代に「紹介」について工夫していた効果的な方法をご紹介します。

　契約したお客様とお話ししていた時のことです。

　このお客様とは、商談をしている時からいい関係を築いていました。

　打ち合わせをしているとお客様が、「家づくりを考えている同僚がいましてね。今度、菊原さんに紹介しますよ」と言ってきます。

　嬉しいことです。

　そこで私はお客様に「同僚の人に私のことを"一番いい資金計画を組んでくれる営業スタッフだ"とご紹介ください」と伝えました。

　数週間後、お客様を紹介していただきお会いすることができました。

　そのお客様はお会いしてすぐに「菊原さんは資金計画のプロですから安心して相談できます」と言ってくれたのです。

　相手が私のことをプロと認識していただいたため、話はスムーズに進みます。

　競合が入ることなく契約になったのです。

　私の場合、資金計画が得意だったため、"資金計画のプロ"というキャッチフレーズを考えました。

　そのキャッチコピーで紹介してもらうようになってからは、紹介数も契約率も格段に上がったのです。

　紹介をいただくとき、ただ単に「ぜひよろしくお願いします」と言うだけでなく、「同僚の方に私のことを"○○が得意な人"と伝えてください」とお願いしてください。

　その方がお客様も紹介しやすいですし、お会いした時の印象がまるで違ってきます。

　さらに、お客様に紹介してもらう時に「○○に強い人」もしくは「○○のプロ」というようなキャッチフレーズを考えてみてください。

　その方がお客様も宣伝しやすくなります。

　その上、契約率も高くなる最高の方法です。

ワンポイントアドバイス
お客様が覚えやすいキャッチフレーズを考える

「質問→促し→依頼→メリット」といった紹介必勝パターンを考えておく

　トップ営業スタッフはこうやれば上手くいくといった"必勝パターン"を構築しています。初対面でも商談でもクロージングでもです。

　その様子を動画などで見させていただくと、みごとに同じパターンでお客様を仕留めていきます。決して行き当たりばったりではありません。

　一方、ダメ営業スタッフはやり方がバラバラです。

　上手く行ったりいかなかったり"結果は運次第"といった感じです。

　この差が、大きな結果の差になってくるのです。

　生命保険のトップ営業スタッフは、お客様から紹介をもらう必勝パターンを構築しています。

　まずは「保険で貯金できる方法について興味がありそうな人はいますか？」と質問します。

　お客様が考え出したら「学生時代の友人とか、会社の同僚とか、ご兄弟とか」とヒントを出して促していきます。

　思い当たる人が出てきたら「その方にお役立ち情報を送っても

よろしいですか？　ご迷惑はおかけしませんので」とお願いします。

　最後に紹介いただけたときのメリットを伝えるといった感じです。

　加えて、"紹介記入シート"などのツールがあるとさらにいいでしょう。

　ぜひ紹介の必勝パターンを考えてください。

ワンポイントアドバイス

紹介必勝パターンのためのトークやツールを考えておく

紹介数を劇的に上げるトークのワザ

出会った時に、「いい仕事をしますから 友達を紹介してください」と伝える

　紹介をたくさんもらう営業スタッフというと、「すごい実力の持ち主なんだろうな」と思うものです。

　それは間違いありませんが、普通の実力でもかなりの数の紹介をもらっている営業スタッフもいるのです。

　お客様からよく紹介をもらっていた後輩がいました。

　成績はダメ営業スタッフ時代の私とそれほど変わりません。

　にもかかわらず、紹介数だけはトップ営業スタッフ並みにもらっていたのです。

　そのことを知りたくて、「どうしてそんなに紹介がもらえるの？　教えて」と質問したことがあります。

　紹介数がこれほど出ているのには、必ず何か理由があります。

　ただそのことを、本人もわかっていませんでした。

　ある時、後輩とこんな話をしたことがあります。

後輩：「菊原さんはいつ紹介依頼していますか？」

私　：「う〜ん、契約してもらった時かな」

後輩：「そうなんですか？　俺なんて出会った時から"いい仕事を

　　　　しますから友達を紹介してくださいね"と言っていますよ」

私　：「出会った時から？」

後輩：「ええ、その時が一番言いやすいですよ」

　まさか出会った時に依頼しているとは、思ってもみませんでした。

　この話を聞いた時、「なるほど、これがコツだったんだな」と後輩が紹介を多くもらえる理由がわかったのです。

　これも本人は意識してなかったようです。

　後輩は当たり前のことだと思っていたのですから……。

　それからタイミングをみて「いい仕事をしますから、友達を紹介してください」と伝えるようにしました。

　それからは紹介をもらえる数が増えたのです。

　お客様は自ら「積極的に知り合いを紹介しよう」などとは思ってくれません。

　営業スタッフから積極的に伝える必要があります。

　ただし、あまり堅苦しくなく挨拶代わりに伝えるようにしてください。

ワンポイントアドバイス

軽い感じの"紹介依頼トーク"を考えてみる

いざという時にサッと出せる
"紹介セット"を準備しておく

　法人営業のトップの方とお会いした時のことです。

　タイミングを計って、「カバンの中身を見せてもらえますか？」とお願いしました。

　アプローチブック、資料、手帳、パソコン、計算機、ノート、筆記用具などなど。

　とくに変わったものは無かったものの、ひとつだけ他の営業スタッフが持っていないものが入っていました。

　それはその営業スタッフが"紹介セット"と読んでいるツールです。

　紹介セットとは、既に購入していただいたお客様から紹介の話が出た時に、「では、これをその方に渡していただけますか」と渡すものです。

◇**紹介セットの中身**
- 名刺（顔写真付き）
- 自己紹介文（プロフィール、得意分野など）
- 簡易資料、カタログ

- ご提案メニュー　　　　　　　　　　　　　　　　などなど

大きさもコンパクトで渡しやすいツールです。

お客様と紹介の話が出た際、話だけでは消えてなくなる可能性が高くなります。

しかし、「その方に次お会いした時にこちらを渡してください」と言って紹介ツールを渡しておけば紹介率も上がります。

言葉だけではなくツールをうまく活用しましょう。

そうすることで紹介率もぐっと上がります。

ワンポイントアドバイス

紹介セットを作ってみる

紹介話がでたら「今、連絡を取ってもらってもいいですか?」

　営業研修をさせていただいた時のことです。

　研修後、社長室に呼ばれ「菊原さんの研修は実践型でいい。これならうちの営業スタッフもすぐに行動できるよ」と言っていただきました。

　しばらく雑談していると、「中長期のお客様のフォローに困っている仲間がいるんだ。菊原さんの研修がピッタリだから今度紹介してあげるね」といった話になります。

　こういった展開は最高です。

　満足しながらその会社をあとにしました。

　それから数日後のことです。

　研修後のフォローの件で社長と話をした際、紹介の話を出してみます。

　すると社長は「そうだね。今度会った時に紹介するよ」と答えました。

　研修当日は"絶対に紹介する"という雰囲気だったものの、数日時間が経った後では"まあ機会があれば紹介するよ"といった感じになってしまったのです。

　その後、社長から紹介はありませんでした。

　もし当日に「では今から電話してもらっていいですか？」と、ひと声かけていたらどうだったでしょうか？
　きっとその場でつないでいただき、仕事のチャンスが増えたかもしれません。
　この社長は決断力が早い分、他のことに興味を持つのも早いタイプです。
　その場で紹介をもらわなければ次はありません。

　"紹介は一瞬で生まれ、一瞬で消える"
　これを肝に銘じておく必要があるのです。

　お客様と話をしていて、突然「そうそう、ちょうど検討しそうな友人がいてね」といった話が出てきたとします。
　紹介はこのようなお客様の思いつきから生まれます。
　その一瞬を逃してはなりません。
　すかさず「ご挨拶したいので、つないでもらっていいですか？」と提案してみてください。
　その場では、このように言っても嫌な顔はされません。
　お客様は時間が経てば紹介への気持ちは薄れます。
　"鉄は熱いうちに打て"ですね。
　とにかくその場で連絡を取り、紹介をもらうようにしましょう。

ワンポイントアドバイス
紹介の話は今しかないと考える

第 7 章

営業を効率化するための
営業ツールのスキル

使用頻度の高いツールに投資をする

　私はスポーツを、するのも見るのも好きです。

　その中でも元大リーガーのイチロー選手は、とくに好きで応援していました。

　イチロー選手はプレイが素晴らしいのはもちろんのこと、バットやグローブ、スパイクなどの道具にこだわり、大切に扱っていました。すべてにおいて素晴らしいプレイヤーだったのです。

　一流のスポーツ選手が道具にこだわるように、仕事ができる人も使うものにこだわります。

　とくによく使うものに投資をして、仕事を効率的に進めているのです。

　例えば、リモートの仕事が増えたのなら、パソコンをハイスペックなものに買い替えます。動きが早くなり仕事がスムーズになります。

　また画面のサイズを大きくすれば、一度に2、3個のファイルやパワポなどのアプリケーションを同時に開くことができます。

　Zoomなどで話をしている際、「そのデータを共有しますね」と広げて話ができるため、話がスムーズになるのです。

　さらには仕事用のイスやデスクもこだわります。

　知人に薦められ、数万円のいいイスを購入したことがあります
が、座ってみて「なんで今まで買わなかったのだろう……」と心
から後悔するほど心地がいいのです。

　イスを変えたことで効率が何倍も良くなったのです。

　ここで使用頻度の高いツールを見直してみましょう。

　パソコン、スマホ、タブレット、イス、パソコンデスクなどな
ど。

　それほどお金を出さなくてもバージョンアップできることもあ
ります。よく使う、身近なものに投資をして仕事の時間短縮をし
ましょう。

ワンポイントアドバイス

ストレスを感じているツールをひとつ買い替えてみる

今日から作成した資料を
きれいにファイリングしておく

　トップ営業スタッフが集まる表彰式に出席した時のことです。

　あるトップ営業スタッフの方が私に、「提案書とか見積書をキチンとファイリングしておくんだ、それをカンニングしながら仕事を進めるといい」と教えてくれました。

　これをやればかなりの時間短縮になると言います。

　また「何も工夫せずに契約を取っていたらすぐに体を壊すぞ」とも忠告されたのです。

　私がいた住宅営業の世界は、トップ営業スタッフとダメ営業スタッフの差が大きい業界です。年間1棟の人もいれば、年間20棟以上の契約を取る人もいます。

　契約数が増えれば、それだけ仕事量は増えます。

　多くのトップ営業スタッフは常に時間に追われています。

　ただ単に何も工夫せずに仕事をしていたのでは、何時間あっても時間が足りません。

　1年くらいでしたらもつかもしれませんが、それ以上長くなれば体を壊す可能性も高くなります。

　仮に体がもったとしても、家族や友達を失いそうです。

　そうならないように、トップ営業を続けている人はいろいろと工夫しているものです。

　それから私は、提案書や見積書をきれいにファイリングするようにしました。
　データで管理するのはもちろんのこと、印刷してクリアファイルに整理しておいたのです。
　するとどうでしょう？
　資料をファイリングしたことによって、必要な情報がすぐに引き出せます。
　辞書のようにして使ったのです。
　今まで一から提案書を作っていた時は2時間以上かかっていたのですが、ファイリングして参考にするようになってからは、30分もかからずできるようになります。
　これだけで90分の時間短縮に成功したのです。
　「なるほど、トップ営業の人が言っていたことはこのことだったのか」と実感しました。

　今までに作った資料を適当に管理したのでは、何も使えません。
　きちんと管理すれば、最高のツールに変わるのです。

ワンポイントアドバイス
たとえ、他社に決まったとしてもその資料を保存しておく

リアルな事例を見せて「このような感じでしょうか？」

　今まで作成した資料は宝であり、あなたの財産になります。

　資料をきちんと管理することで、大幅に時間を短縮することが可能になります。

　お客様の事例のファイリングには、時間短縮以上のメリットがあります。そのメリットはその資料自体が強力な営業ツールになるということです。

　お客様が一番見たいのは、ネットで手軽に手に入る情報ではなく〝他の人の事例〟です。

　ファイリングしておくことにより、お客様にも見せられるアプローチブックになるのです。

　もちろんそのお客様に許可を取り、個人情報には気をつけなくてはなりませんが……。

　私はこのツールを〝最強アプローチブック〟と呼んでいました。

　これをいろいろな場面で活用します。

　例えば、新規のお客様から要望をヒアリングしたとします。

　その要望に近いものを最強アプローチブックから探し、「今までお伺いしたご要望ですが、だいたいこのような感じでしょうか？」とお見せします。

リアルの事例なので、お客様はイメージが湧きやすいのです。

時にはその場で、「この形でいいので話を進めてください」とお客様と一気に話が進むこともあったのです。

やはり"たたき台"があった方が話は早いのです。

さらに私は、"最強アプローチブック"を活用していて、実感したことがあります。それは、一瞬にしてお客様から信頼されたということです。

お客様と商談しているときに、突然「菊原さんはずいぶん成績がいいのですね」と言われたことがありました。

理由を聞くと、「だってこんなにたくさんのお客様がいるってことでしょ」と言います。

お客様は私が保管しておいた膨大な資料を見て、そう思ったのです。

お客様に対して「私は実績十分ですからご安心ください」とアピールしてもいいですが、言い方を間違えればかえって怪しくなります。

事例であれば、言わずとも実績が証明できます。この方がいい印象を与えられるのです。

事例は印刷してファイリングしてもいいですし、タブレットに入れて見やすいようにしてもいいでしょう。

過去の資料のファイリングは自分の時間も大幅に短縮できて、お客様にも"できる人"と思われる素晴らしい武器になります。

ワンポイントアドバイス
お客様に許可を取って事例を増やしていく

長い説明より、わかりやすい資料を見せ「こちらです」

　知人からの紹介で、税理士の方にお会いした時のことです。

　"節税対策"についてプレゼンをしてもらいました。

　会社にとって税金は大きなコストですから、それが正当にセーブできるのでしたら、ぜひしたいと思います。

　私にとって必要な話ですし、メリットも理解できたものの、話の途中で「ちょっと飽きたなぁ」と感じてきます。

　税金関係の話は理解するのがなかなか難しいのです。

　集中力が切れ、途中からほぼわからなくなってしまいました。

　体裁よく「これで検討しますね」と伝えましたが、話は進めなかったのです。

　もしこの方が話だけでなくイラストやグラフなど、一目でわかる資料で説明してくれれば違っていたでしょう。

　その後、金融商品を扱っている営業スタッフとお会いした時のことです。

　あまり興味を持っていませんでしたが"一目でわかる資料"で説明されると興味が湧いてきます。

　少額ですがお願いすることにしたのです。

　できる営業スタッフほど口頭での説明をそこそこにして"一目でわかるツール"を活用しているものです。

　知人の法人営業のトップの方は製品の説明をする際、"簡易模型"を使います。

　「こちらがうちの商品の模型です」とテーブルに置くとお客様は勝手にいじり、「あぁ、こうなっているんだ」と勝手に理解してくれると言います。

　トークよりもツールを利用してお客様に説明してみる。

　その方が商談は何倍もうまく進みます。

ワンポイントアドバイス
一目でわかる資料やツールを作ってみる

名刺とお礼状を
2パターン用意する

　異種交流会に誘われた時のことです。

　こういった会はあまり得意ではありません。気後れして孤立するからです。

　ただ友人が主催していたため、出席することにしたのです。

　この集まりは積極的な人が多く、ただ立っているだけでも「名刺交換よろしいですか？」と声がかかります。皆さん、人脈を広げようと積極的に行動しているのです。

　そこで一人の男性と名刺交換をしました。

　名刺を見ると会社名、名前、住所、連絡先などの基本情報が書かれた文字だけのベーシックなタイプのものです。

　名刺交換をして話をしていると、名刺入れから別の名刺を出してきました。

　先ほどの名刺とはまったく正反対な、デザイン重視の名刺です。そこにはボランティア活動をしている写真が載っていました。

　こちらの方が何倍もインパクトがあったのです。

　その人は二種類の名刺を用意していると言います。

　ひとつはオフィシャルなタイプで、お堅い企業に行った時はこ

ちらを出します。

　もうひとつは交流会やパーティーなどで使うと言います。

　シーンに合わせて名刺を使い分けているのです。

　先日30代のトップ営業スタッフとお会いした時のことです。

　この方はアナログ派で、お客様とお会いした際、メールではなく"お礼状"を送っています。

　これだけでもインパクトがあると思いますが、さらに「お客様によってハガキを使い分けています」と言っていました。

　真面目な感じのお客様には礼儀正しいベーシックなお礼状を送ります。逆に若いお客様に対しては、インパクトのあるデザインのお礼状を送ります。

　もちろん若くても真面目で奇抜なことを嫌うお客様もいますから、臨機応変に対応しているとのことでした。

　さすがトップ営業スタッフです。

　まずはオフィシャル重視バージョンとプライベート重視バージョンの2パターンを用意してみてください。

　それだけでチャンスは大きく広がります。

ワンポイントアドバイス
プライベートの情報が満載な名刺やお礼状をつくってみる

お客様に渡す資料に "顔写真のメッセージ" をつける

　営業スタッフ時代のことです。30代のご夫婦と商談をしていました。こちらの商品を気に入っていただいていることもあり、よく話を聞いてくれます。

　そして商談が終わり作成資料をまとめて渡すと「ありがとうございます。参考にさせていただきます」と言って帰っていったのです。

　それからしばらくしてのこと。

　再びお会いして話すとお客様は「この資料が役に立っていましてね。たしかA社の人からもらったような」と言い出します。

　よくよくその資料を見てみれば、私が渡したものだったのです。

　お客様はその場では誰からもらったかは覚えています。しかし、そのあとはどうでしょうか?

　ほとんどのお客様でさえ2〜3日経てば、「あれ?　この資料は誰からもらったのか?」となってしまうものです。

　それではせっかくの苦労が水の泡ですし、下手すればライバル社の営業スタッフの手柄になってしまいます。

　そうならないように、思い出していただくためのツールを活用します。

　資料にはがきサイズで"顔写真とメッセージ"を入れておくのです。そのツールがクリップでとまっていたら忘れることはありません。

　顔写真を見たお客様は瞬間的に「あぁ、そういえばA会社の佐藤さんからもらった資料だ」と思い出してくれるのです。

　法人営業で訪問した場合、受付に資料だけ置いてきても、ほぼ意味がありません。

　ターゲットの方までたどり着かないでしょう。

　そういったツールがついていれば、ターゲットの方まで人柄が伝わる可能性が出てくるのです。

　お客様に常に思い出してもらえるような工夫をしましょう。

ワンポイントアドバイス
いい印象を与える写真を撮る

私をトップ営業スタッフにしてくれた最強のツール"営業レター"

　ここからは、ダメ営業スタッフの私をトップ営業スタッフに変えてくれた"営業レター"についてお話していきます。

　私は20年ほど前から対面での営業をやめ、遠隔で営業活動を始めていました。今でいうリモート営業です。

　当時は「楽をして遠隔で営業をしよう」と思っていたわけではなく、訪問営業やテレアポが苦手だった私の最後の一手だったのです。

　その時に使っていたツールを"営業レター"と呼んでいます。

　営業レターは最強のツールであり、最強の武器だと思っております。

　私はこの営業レターのお陰で、4年連続トップ営業スタッフになりました。

　もし営業レターが無ければ、今でも売れない営業スタッフのままだったと思います。

　営業レターと聞くと「アナログツールなのかな」と思うかもしれませんが、必ずしも手紙やハガキで送る必要はありません。メールやSNSなどのデジタルツールでもいいのです。

　営業レターの最大のポイントは"人間的な魅力を伝える"とい

うことです。例えば、

- こんな趣味があります
- 出身はここでこんな学生でした
- 好きな食べ物はこれです

といったものでもいいでしょう。

　こうした基本情報を伝えた上で "私は信頼に値する人間です" ということを伝えるということです。

- お客様のお役に立てるよう努力をしています
- お客様にこんなメリットを提供できます
- 購入後こそ本当の付き合いだと考えています

などなど、短文でお客様に対する気持ちを伝えるのです。

　実際は値段だけで決めるお客様は少なく、多くのお客様は信頼できる人から買いたいと思っています。

　こうした一文を見て「この人なら信頼できそうだ」といった印象を持つのです。

　多くの営業スタッフは "自分の考え方や気持ち" をほとんど伝えていません。これではその他大勢の営業スタッフに紛れてしまいます。そうならないためにあなたの気持ちを短い一文で伝えてください。

　たったひとつのメッセージでお客様と信頼関係を築けることもあるのです。

ワンポイントアドバイス
今日さっそく自分を伝えるメッセージをメールで送ってみる

お役立ち情報を送れば「これで結果が出ないほうがおかしい」と思える

　営業レターでお客様にあなたの考えや気持ちを伝え、「この人ならば信頼できそうだ」という印象を与えます。

　これと同時にして欲しいことがあります。

　それはお客様に"お役立ち情報"を提供するということです。

　お役立ち情報とは、文字通り受け取ったお客様が「これは役立つ内容だ」と感じてもらうものです。

　多くの営業スタッフは「当社のメリットを伝えなくては」と商品の詳細情報を送ったりします。

　そんな内容でも役立つお客様もいるかもしれませんが、ほとんどは「これは売り込みじゃないか」と嫌悪感を抱くのです。

　これでは逆効果になってしまいます。

　私はお客様に対して"すでに住んでいるお客様の失敗例、後悔している例"をお役立ち情報として送っていました。

　こういった情報を見ても、お客様は売り込みだとは思いません。役立つ情報として感謝してくれるのです。

　扱っている商品によっては「守秘義務もあるし、失敗例や後悔例を出すことはできない」といったケースもあるでしょう。

その場合はお客様の満足例でもいいですし、なんなら商品と直接関係なくてもいいのです。

- 補助金を多く受けとる方法
- 掃除や料理の裏技
- 机まわりの整理法
- パソコン仕事の時短術

などなど、お客様が役立ちさえすればいいのです。

こういった情報を送ってくれる営業スタッフは他にはいません。

唯一無二の存在になれるのです。

仮にこれで結果が出なかったとしても、送る価値はあります。

お客様にお役立ち情報を送ることで「今、いいことをした」と自分にインプットできるからです。

これだけで営業活動へのモチベーションが上がるのです。

さらにはこれが積み重なり"セルフイメージ"が上がってきます。

私自身、お役立ち情報を送り続けているうちに「こんないいことをしているのだから売れないほうがおかしい」と思うようになりました。

知らず知らずのうちにセルフイメージが上がっていったのです。

お役立ち情報を送ることは結果も出て、セルフイメージも上がるといった一石二鳥の方法です。

ワンポイントアドバイス
役立つ情報をお客様に送ってみる

見込み客に「買う前にこれだけは知りたかった」を伝える

　お客様に対して"お役に立つ行為"を続けていれば、必ず結果がついてきます。

　ではそのお役立ち情報は具体的どのように作ればよいのでしょうか？

　そのアイデアのひとつをご紹介します。

　あなたが扱っている商品でも、必ずや「買う前にこれだけは知りたかった」ということがあるはずです。それをお客様にわかりやすく伝えて欲しいのです。

　お役立ち情報には2つのポイントがあります。

1.【問題点】と【解決策】に分ける
2. お客様が3秒で理解できるようにしておく

　ポイントは明確に解決策を提示するということです。

　お役立ち情報は「買う前にこれを知っておきたかった」という事例を伝えます。

　ただし"こんな失敗がありました……"と伝えるだけで終わったらどうでしようか？

　お客様は不安になりますよね。解決策が明確になっていないと逆効果になることあります。そうならないように問題点と解決様をセットにして送るのです。

　もうひとつのポイントは“お客様が3秒で理解できるようにしておく”ということです。
　お客様は、ぱっと見で理解できないと興味を持つことはありません。イラストや図を利用してわかりやすく伝えましょう。

ワンポイントアドバイス
好感が持てるイラストを使う

お客様を惑わせないように
オファーを明確に伝える

　人からお願いされて、「これってどういう意味なんだろう」と迷うことはありませんか？

　一言足りないために、どう返事をしていいかわからない。こんな時は困るものです。

- 今すぐやるのか、それとも3日後でいいのか？
- 形式は？　ボリュームは？
- こちらに頼んでいるのか、相手がやってくれるのか？

　　　　　　　　　　　　　　　　　　　　　　　　などなど

　意図がつかめないために、行動できないのです。

　相手のことを考えれば"必要条件"をハッキリと明確に伝える必要があります。その方がお互いの為になります。

　相手の立場に立って一度チェックするだけで、ミスコミュニケーションが防げます。

　これはお客様にオファーする際にも言えることです。

> - 参考資料があります
> - 勉強会に参加しませんか？
> - 無料サンプルを差し上げます　　　　　　　　などなど

　さまざまなオファーでお客様に呼びかけてみれば、タイミングが合えばお客様から連絡をいただけます。

　しかし、実際営業スタッフの方が作ったものをチェックさせていただくと「これって何に役立つの？」もしくは「これじゃ、請求方法がわからないだろうな」と感じるものも少なくないのです。

　資料を作成したら「お客様がこれを見て迷わないか？」という観点で一度チェックして欲しいのです。

> - 無料か有料かを、はっきり伝えているか？
> - （メール、SNS、電話、FAXなど）請求方法をわかりやすく提示しているか？
> - 時間（電話なら○時〜○時まで、メールは24時間など）
> - 送付方法（郵送なのか、データで送られるのか）
> - 請求した後はどうなるか？　　　　　　　　　などなど

　もし可能でしたら、身近な人に見てもらい率直な意見を聞くのもいいでしょう。曖昧な点がクリアになったとたん、反応率はぐっと高くなります。

ワンポイントアドバイス
お客様を迷わせないオファーをする

第**8**章

クレーム・トラブルを
チャンスに変えるスキル

お客様を一言で安心させるワザ

「私が窓口になって責任を 持って対応します」と伝える

　営業活動をしている時の突然クレーム、これは嫌なものです。

　こんな時、あなたはどういった行動をとるでしょうか?

　他の業務をすべて停止ししてもその対応に優先させるはずです。初動でクレームが大きくなるか、最小限で抑えられるかが決まります。

　ただし、すぐに対応できる時ばかりではありません。

- 休日でしかも家族で出かけてしまっている
- 趣味のスポーツをしている最中
- これからお客様と商談という時

　営業スタッフ時代、なぜか休日のゴルフの時に限って「ちょっと困ったことになりまして」といった電話がかかってきたものです。

　さすがに途中でゴルフをやめることはできません。

　ゴルフに限りませんが "どうしてもはずせない" といった仕事があった場合は、どうすればいいのでしょうか?

　こんなピンチの時に使っていただきたいフレーズがあります。

　そのフレーズとは、「私が窓口になって責任を持って対応します」というものです。

　この言葉を伝えることで、お客様は「この件はこの人に任せておけば安心だ」といった気持ちになるのです。

　また、このように宣言した営業スタッフも「自分が責任を持ってやるぞ」といった決意表明になります。

　これはお客様にとっても、自分にとっても、効果的な方法です。

　クレーム、トラブルの時にぜひお試しください。

ワンポイントアドバイス
お客様を安心させる一言を用意しておく

クレームについて"3ステップ"ですぐに方針を決める

営業スタッフ時代のことです。

私はいろいろなパートナー会社の方とお付き合いしていました。その中でも営業スタッフAさんは、とにかく反応が早いのです。依頼のメールを送ってすぐに「菊原さん、依頼をいつもありがとうございます」と返信メールもしくは、すぐにお礼の電話をしてくれます。すぐにレスポンスしてくれると安心ですし、こちらもお願いしたかいがあります。

一方で営業スタッフBさんには、依頼してもなんの連絡もありせん。期限も近づき不安になって「3日前に依頼した見積りですが、どうなっているでしょう？」と連絡すると「今やっていますから大丈夫です」とやっと状況を教えてくれるのです。

AさんもBさんも同じような仕事をしてくれましたし、同じように問題も起こりました。しかしAさんとの問題はスムーズに解決し、Bさんとの問題は悪化して長引いたものです。その後、ほとんどの仕事をAさんにお願いするようになったのです。

依頼を受けたらすぐにレスポンスする、これはできそうで、できないことです。

私はその後、Aさんを見習うようになりました。どの仕事に関

しても効果的な方法だったのですが、最も効果を感じたのは、やはりクレームの時です。

　お客様からクレームの連絡が入った際、すぐに動けるパターンを構築したのです。

　ここでは、私が実践していた "クレーム発生時の対応方法3ステップ" をご紹介します。

- **ステップ1**：「了解いたしました」と受け取ったことをすぐに伝える
- **ステップ2**：上司に報告し "今後どうやって解決していくか" について話し合う
- **ステップ3**：決まった対応方法について報告し、すぐに日程を決める

　この3ステップを、できる限り短い時間で行っていました。理想は5～10分以内です。この時間が長くなればなるほどクレームは悪化します。

　上司と連絡がつかない時なども想定して、「店長がいない場合はメンテナンス部門と相談して話を進める」とルールを決めておくことをおススメします。

　クレームのダメージを最小限に食い止めるにはクイックレスポンスがカギとなります。そのためのパターンをしっかりと構築しておきましょう。

ワンポイントアドバイス
クレーム処理の3ステップを試してみる

トップ営業スタッフは不安を先回りして解決している

　担当していたお客様とのことです。

　ほとんどのお客様は家づくりが初めてですから、いろいろと不安になるものです。

　ある時、そのお客様が私に「近所への挨拶回りはいつすればいいでしょうか？」と質問してきました。

　それに対して私は「タイミングになったら声をかけますから」と答えます。

　さらにお客様は「お金はどんなタイミングでお支払いすればいいのですか？」と質問してきます。

　私はこの質問に対しても「支払方法についてですが、日程が近づいてからご説明します」と答えました。その時はこの対応で何の問題もないと思っていたのです。

　その後、些細なクレームが発生します。

　通常なら簡単に解決する内容にもかかわらず、お客様は許してくれません。

　それどころか聞く耳をもたず「菊原さんでは話にならないので、上司を呼んでください」の一点張りです。

　その後、担当替えの出入り禁止にまでなってしまったのです。

　その時は「なんであんな些細なことで担当変更になったのか?」と理解できませんでした。そのお客様を変人だと思っていたのです。

　しかし、今考えればよくわかります。

　お客様は不安で私に質問しているのにもかかわらず、親身になって回答しようともせずスルーしていたのですから。

　お客様からすれば欲求不満で、ものすごくストレスが溜まったでしょう。ずさんな対応をした当然の報いなのです。

　トップ営業スタッフは、お客様を欲求不満な状態にさせません。

　そもそも「○○はどうしたらよいのでしょうか?」というような質問をされる前に、お客様の不安を解消しているのです。

　お客様が不安になる部分や迷うところはある程度共通点があります。その不安な点を先回りして、「今後こうしたことが起こるかもしれませんが、このように対応すれば大丈夫です」と丁寧に説明しているのです。

　聞かれてから答えるのか、それとも前もって説明するのかによって、お客様からの信頼度は天と地ほども印象が違ってきます。

　お客様が抱えている不安をこちらから積極的に解消していく必要があります。まずはお客様が不安になりそうなことを、リストアップしてください。お客様が不安に思うことを先回りして伝えることで、クレームは激減するのです。

ワンポイントアドバイス
お客様が心配になることをみんなで話し合ってみる

「詳しい状況をお聞かせください」と質問する

　私の知人に、長年カスタマーセンターで働いている人がいます。いわゆるクレームが集まる部署です。

　クレームというのはたまに起こるだけでキツく感じます。

　しかし、知人は毎日クレームを処理しているというのですから、想像しただけで「かなり大変な仕事なんだろうな」と思います。

　その知人が、ひとつ秘訣を教えてくれました。

　クレームが起こった時、たいていの人は「大変申し訳ございません」と謝罪します。

　これで納まることもあります。

　しかし、クレーマー的なお客様はすぐ謝罪したのでは「謝って済む問題じゃない！」「お客様をなんだと思っているんだ！」などと感情的になるケースも多いと言います。

　謝罪したことで逆に怒られる時間が長くなるというのです。

　こういったお客様に対しては、謝罪するだけではなく「詳しい状況をお聞かせいただけないでしょうか？」といった質問をする

といいと言います。

　状況について聞かれると、お客様は時系列に話を組み立てて話そうとします。これによって冷静さを取り戻すのです。

　お客様は話をじっくり聞いてもらえれば気が済んで、「まあ、しょうがないか」と勝手に納得するケースも少なくありません。

　クレーマー的なお客様からの連絡に対して、まずは「では今の詳しい状況を教えてください」という質問をしてみてください。火に油を注ぐことなく、最小限で解決します。

ワンポイントアドバイス
お客様から時系列に話を聞いていく

クレームが起こった時は「すべて自分のせいだ」と考える

　営業活動では「気を抜いた瞬間が一番危ない」と言われております。

- 契約後のフォローを怠った
- 説明不足で誤解が生じた
- ケアレスミス

などなど、些細なことからクレームにつながるものです。

　気を抜いたことでお客様からの信頼を失う。営業スタッフとして非常にダメージが大きいものです。

　例えば、あなたのことを信頼して契約いただいたお客様がいたとします。

　契約時に「いい仕事をしてくれたら3〜4人は社長を紹介するからね」と言ってくれます。こういったお客様の存在はありがたいものです。

　将来的に紹介を生んでくれる "金のお客様" をクレームで契約がキャンセルになってしまう。これは大損害です。

「契約1＋紹介で3〜4＝4〜5契約」

→　「契約1－キャンセル1＝0契約」

　契約5と0とでは天国と地獄です。大違いになります。

　こんな時はパニックになり冷静さを失うものです。

　ショックを受けるのは当然なのですが、ダメージはここで留めておく必要があります。

　多くの営業スタッフはショックのあまり冷静さを失い、スタッフに「なんでチェックしてくれなかったんだ！」などと人のせいにしたりします。さらにまわりの人に八つ当たりをしたりと……。

　こんなことをすれば敵を増やし、完全に会社で孤立状態になっています。

　その後、冷静さを取り戻した時に「なんであんな行為をしてしまったのか……」と死ぬほど後悔することになるのです。

　スポーツでも賭け事でも、パニックになったら勝負には勝てません。

　怒りに任せて行動すれば、二次災害、三次災害と被害を広げていきます。

　ショックなクレームのときこそ「これはすべて自分の責任だ」と認め、できる限り冷静さを保ちましょう。

　人のせいにしたり八つ当たりしたりするのではなく、協力して解決するのです。クレームは仕方がないとしても、その後の被害は全力で食い止めてください。

ワンポイントアドバイス
クレームのダメージは最小限で食い止める

顔を会わすたびに「最近調子はどうですか？」と声をかける

　営業スタッフは、お客様から契約をいただくために頑張ります。

　お客様と関係を構築するために、メールを送ったり、お役に立つ情報を送ったりして接触頻度を高めます。マメに行動するものです。

　しかし社内のスタッフやパートナー会社の人に対しては、どうでしょうか？

　「お客様には気を使っているが、スタッフにはほとんど何もしていない」という営業スタッフは多いのです。

　この話を聞いてドキッとした人もいるかもしれませんね。

　トップ営業スタッフはお客様も大切にしますが、それ以上にスタッフも大切にします。

　これが大きな差となってくるのです。

　以前トップ営業スタッフから、「とにかくスタッフに声をかけることが大切ですよ」といった話を聞いたことがありました。お客様と同じように接触頻度を高めて優先順位を高めてもらうことが重要だというのです。

　やり方はどんな方法でも構いません。

　顔を会わすたびに「最近調子はどうですか？」と声をかけても
いいですし、気軽にSNSで連絡を取り合うのでもいいでしょう。

　私もやっていましたが効果は絶大です。

　頑固で気難しいスタッフでさえ、何度も話しかけたり、メール
を頻繁に送ったりしているうちに親近感を持ってもらえるように
なりました。

　スタッフとの関係が良くなっていくと、あなたへの優先順位が
上がっていきます。

　営業スタッフはあなただけではなく他にもたくさんいます。

　同じ依頼があったとして、関係性ができていれば「こっちを先
にするか」となるのです。

　また「あの人からの依頼だから、集中して資料作成しよう」と
なれば、しめたものです。ミスも減り、お客様の満足度は上がり
ます。スタッフやパートナー会社の人の優先順位を上げることに
よって、自分だけでなく、お客様にもメリットがあるのです。

　トップ営業スタッフは"スタッフを味方につける"ということ
を非常に大切な仕事のひとつと考えています。

　その一方、一発花火のように一瞬売れてそれでおしまいの人は
そのことを軽視しています。気づけばまわりには協力してくれる
人が誰もいなくなってしまうのです。

　長期的に活躍できるかどうかは、身近な人たちを味方につけら
れるかどうかにかかっているのです。

ワンポイントアドバイス
スタッフから好かれる営業スタッフを目指す

「○○はできませんが、△△はできます」とはっきり伝える

　ダメ営業スタッフ時代のことです。

　商談中、お客様から難しい質問を受けた際に「そういった細かいことは契約後に選べますから」と濁し、ハッキリとは言いませんでした。その時は「変に話を詰めると金額が上がってしまい、断られそうだから」と考えていたからです。

　契約書にハンコを押してもらい、契約金さえ入ってしまえば多少金額が上がっても問題はありません。このような方法で話を進めていたのですから、のちのち問題が起こるのも当然です。時間が経てば経つほど、信頼を失っていったのです。

　その後、トップ営業スタッフになった私はそういったごまかすようなやり方を一切しなくなりました。お客様の質問に対して誠実に答えます。金額話が出た時も「それは追加になりますので、○万円上がります」としっかりお伝えするようにしたのです。

　お客様によっては「えっ！　そんなに上がるの？」と驚く人もいましたが、それによって「やっぱり菊原さんと話をするのはやめます」というお客様はいませんでした。その方がはるかに楽ですし、何倍も信頼されるようになったのです。

　意外なことですが金額についてハッキリ教えてくれる営業スタッフは多くありません。

　買う立場になった際に、担当営業マンは「まあ、この程度だったらそれほど変わりませんから」と言っていたのにもかかわらず、最終的には結構金額が上がったことがありました。その金額を見て「なんか騙されたなぁ」という感じがしたのです。最初から伝えてくれたらこんな気持ちにはならなかったでしょう。

　これはクレーム発生時にも言えます。

　お客様からクレームをつけられた際「難しいと思いますが、何とか検討してみます」と曖昧な言い方をする人が少なくありません。後々できないことがわかってしまい、お客様をさらに怒らせてしまうのです。

　一方、できる営業スタッフは問題を先送りにしません。お客様のクレームに対してできないのであれば「それはできません」とその場でハッキリ答えます。

　ただし否定するだけではなく、「○○はできませんが、△△でしたらできます」と代替案をしっかり示すのです。

　クレームが起こった際、「これ以上はこじらせたくない」という思いから曖昧な返事をしがちになります。「何とか検討してみます」などとごまかしていれば、最後に間違いなく大きなトラブルにつながります。できないことは「これはできません」とハッキリ伝えてください。ただし代替案を伝えるのもお忘れなく。

ワンポイントアドバイス
解決策をいくつか準備して臨む

クレームが起こったら「絆を強めるチャンス」と考える

　どんなにメンタルが強いトップ営業スタッフでも、「できればクレームは避けたい」と思っています。クレームは営業スタッフのパフォーマンスを下げる一番の原因になるからです。

　未然に防ぐ工夫をし、発生しない方がいいに決まっています。

　しかし、それでも起こってしまうのがクレームです。

　起こってしまったら、テンションを下げるのではなく「お客様との絆を強めるチャンス」と前向きに考えるといいのです。その方が積極的に行動できます。

　実際、クレームで関係が深まったお客様も少なくないはずです。

　知人の女性の営業スタッフのことです。イベントなどを企画開催する仕事をしています。

　ある時、同じ会場をダブルブッキングしてしまったことに気が付きました。

　A社、B社ともに大事なイベントだったこともあり、大問題になったのです。

　A社の方が先だったのでその会場はA社が使うことになりました。それはいいとして、問題はB社です。B社の関係者から「も

う二度と付き合わない」と激怒されます。

　こうなってしまったら、腹をくくるしかありません。翌日からすべての時間と労力をつぎ込み、関係者に謝罪して回ったのです。もちろん別の案も提案します。時間はかかりましたが、なんとかご理解いただいたと言います。

　この一件で、お客様はその営業スタッフのことをより信頼してくれるようになりました。

　しかもB社の担当者とはその後もずっといい関係が続き、たくさんのお客様をご紹介いただいたというのです。

　ほとんどのお客様は「営業を困らせてやろう」などと思ってクレームを言ってくるわけではありません。

　本気でいい結果にしようと思っていますし、困っているからこそ「これどうなっているのですか！」と訴えてくるのです。

　クレームは無いに越したことはありません。

　しかし起こってしまったら「これは絆を強くするチャンスだ」ととらえ、できる限りの対応をするのです。

　その気持ちは必ず伝わり、解決する前より深い関係になります。

ワンポイントアドバイス
腹をくくり前向きに行動する

クレームは「チームの結束を強くする」と考える

　先ほどの項目で「クレームがお客様との絆を深める」といった話をしました。

　クレームが起こってしまったら「これは関係を深めるチャンスだ」と思った方がいいのです。

　これはチームの関係でも言えます。

　クレームは各部署との絆を強くします。

　あるお客様とのことです。

　このお客様との間に大きなクレームが発生します。原因はこちらの確認ミスです。「これは工事し直してもらわないと困ります」と強く主張してきます。もっともなことです。

　しかしながら、工事し直すとなると、今度は引渡しに間に合わなくなります。これもお客様は許してくれないのです。コストもかかり、かなり厳しい状況だったのです。

　このように追い詰められた状況では設計、現場、上司の方たちと協力するしかありません。

　チームをつくり対策を考えます。

　そこからひとつの案が生まれます。

　それを提案すると、お客様は「これでしたら問題ありません」と納得してくれたのです。

　それが終わった時、携わっていた方たちと「問題を乗り越えて絆が深まったな」ということを実感しました。そしてその後もいい関係が続いたのです。

　クレームが起こってしまった時は、「各部署と絆を深めるチャンスだ」と思うようにしましょう。

　このように考えればクレームに前向きに取り組めます。

ワンポイントアドバイス
大きいクレームが起こったら対策チームを結成する

クレームはヒントの宝庫と
前向きに捉える

　研修先の社長と話をした時のことです。

　その社長が「クレームはヒントの宝庫だ」という話をしていました。

　お客様からのクレームで新商品が生まれたり、新しいサービスが生まれたりします。これ以上価値があるものはないというのです。

　これは私自身も感じていたことです。

　買っていただいたお客様から「もっとこうすればよかった」というリアルな感想をよく聞いていました。クレームだったり、不満だったり。

　この話を元として "営業レターのお役立ち情報" を作成したのです。

　それを定期的に発信します。

　この内容が「いつかは買おう」という中長期のお客様に響きました。

　クレームやちょっとした不満が、私をダメ営業スタッフからトップ営業スタッフに変えてくれたのです。

このよう考えればクレームほどありがたいことはありません。

クレームが起こった際、ただ単に「クレームを処理しなくては」と考えるだけでは、あまり前向きに考えられないでしょう。

そうではなく発想が変わるような前向きな言葉を持っておくといいのです。

- クレームはヒントの宝庫
- クレームでサービスが向上する
- クレームはお客様との絆を深める
- クレームはチームの結束を強くする
- クレームが紹介を生む　　　　　　　　　　　　などなど

どんなものでもいいのでモチベーションが上がる内容を考えてみてください。

具体的な言葉として持っておくことでクレームの連絡がきた際「よっし、やるぞ」と前向きになるものです。

ワンポイントアドバイス
クレームの前向きな言葉集を作ってみる

第9章

リモート営業のスキル

リモート営業はファーストコンタクトのメールで決まる

　実際の顔を会わすリアルの営業では、"出会いの数秒で決まる"と言われています。

　その時間は15秒とも言われたり、それよりもっと短いとも言われています。

　出会った時に好印象を与えられれば話は上手く進み、逆に印象が悪ければ、まず話が上手く進むことはありません。

　ではリモート営業はどうでしょうか？

　もちろんZoomなどの画面上に映し出された際の第一印象も大切です。

　しかし、それより影響が大きいのは"はじめてメールをもらった時"なのです。

　証券会社の営業スタッフのことです。

　今までの担当者が他県に異動になり、後任の営業スタッフに引き継がれます。

　その担当者からもらったメールが「アジアの投資信託の件でお世話になりまして……」という内容でした。

　私はその会社からアジアの投資信託を購入した覚えはありませ

ん。新しい担当者からいただいた一回目のメールが"間違いメール"だったのです。

　これは印象がよくありません。

　心理術のひとつに、「ハロー効果」というものがあります。

　ハロー効果とは、あるひとつの特徴についていい印象を受けると、他のすべてに関して実際以上に高く評価してしまうということです。

　これはネガティブにも働きます。

　ひとつの良くない印象を持つと、他のすべてを実際以上に低く評価してしまうのです。

　一回目のメールで良くない印象を持ってしまったせいか、その後も付き合うことはありませんでした。

　そして、その会社とは縁が切れてしまったのです。

　できる営業スタッフは、一回目の送るメールに最大集中します。ファーストコンタクトがいかに重要なのかということを知っているからです。

　リモート営業ではいきなりZoomで商談するのではなく、メールで何度かやり取りをしてからになります。その一回目のメールの対応でその後どうなるかが決まるのです。しっかりとした内容を送り「この人なら安心だ」という印象を植えつけてください。

ワンポイントアドバイス
一回目に送るメールを送る前に上司にチェックしてもらう

お客様に送るメールに "役立つ情報" を追記する

　一昔前と比較して飛躍的に増えたのは、仕事相手との文章のやり取りです。

- メールでやり取りをする
- SNSで連絡を取る

　とくにこの2つは多くなりました。

　私の体感では「今や仕事の9割が文章のやり取りで済んでいる」と言っても過言ではありません。法人営業でも個人向けの営業だとしても、以前より何倍も増えているのは事実です。

　ということは、文章のやり取りが上手な人が結果を出すということになります。

　私の知人の営業スタッフは、コロナ禍でリモート営業になってから成績を伸ばしています。

　どんな時代でも売る人は売るのです。

　その一番の理由は、お客様とやり取りする文章を工夫しているということ。見込み客やクライアントに対して、ただ単に用件だけ送るのではなく "役立つ情報" を追記して送っているのです。

　もちろん仕事のやり取りはしっかりします。

　そのうえで「この前、お客様からこんな情報を耳にしました。コストダウンのお役に立つと思いまして……」といった文章を追記するのです。場合によってはリンク先も添付します。

　これを繰り返すことで、受け取った相手が「この人のメールは役に立つ」と思うようになります。いい条件付けをするのです。

　こうなればお客様がメールを真っ先に開封してくれるようになります。当然、返信が早くなり、仕事のスピード感も上がってくるのです。

　その一方、苦戦している営業スタッフは"商品説明や売り込み"についてのメールを送っています。「新商品を発売しました。よろしければ参考になさってください」といった内容のメールです。

　シンプルでいいという面もありますが、これでは何の印象にも残りません。

　どんどん後回しにされ、最終的には開封すらされなくなってしまうのです。

　送るメールに、お客様の役に立つ情報を追記するようにしましょう。

　お客様が「この人からのメールは役立つな」といったいい条件付けができれば、優先度がどんどん上がっていきます。

　こうなれば自然に結果がでるものです。

ワンポイントアドバイス
普段から役立つ情報を探す習慣を身につける

お客様に「この人からのメールは返信したい」と思われるようにする

　個人コンサルティングでのことです。

　その方は40代の女性で生命保険の営業をしています。新規開拓のためにいろいろな会に参加して交流を深めます。

　ただ、名刺交換した人たちにメールを送るものの「ほとんど返信がない」というのです。

　これは私自身も感じています。

　研修で名刺交換をした営業スタッフに、当日か翌日にお礼メールを送りますが、すべて返信されるわけではありません。

　感覚としては40～50%ぐらいという感じです。

　ちなみにトップ営業スタッフは私より早くお礼メール送るか、送ったメールにはすぐ返信してくれます。

　それでも、その営業スタッフの場合も「返信率が10%もない」というのです。

　これはあまりにも少なすぎます。

　そこで、送っているメールの文章をチェックさせていただきました。

　読んでみると「売り込みを感じる」といった文章がいくつも見

つかったのです。こういった売込みが強い内容を送っている限り反応はありませんし、結果が出ることもありません。

　ひとつひとつ話し合いながら削除したり、表現を変えていきました。

　それを送るようにしたところ、徐々に返信率が上がってきているというのです。

　メールでお客様にアプローチする際、"返信率が低い"といったことがひとつのネックになります。これはお客様が悪いのではなく、「余計な売り込み文章が入っているのでは？」と疑ってほしいのです。

　売込みの文章が見つかったら削除するか表現を変えましょう。もしくはしばらくは売り込みなしでメールを送って欲しいのです。このようにしていけば必ず返信率は上がってくるものです。

この人のメールは役立つんだ、早く開こう

ワンポイントアドバイス

最低でも3回までは売込みの文章を送らない

リアクションを2倍にし、話すスピードは0.9倍にする

　対面の商談は、お互いにリアクションしたり、うなずいたりするものです。ほとんどリアクションがないお客様とは非常に話しにくく感じます。

　やはり、「そうですよね」といいながら頭を上下に動かしてくれる人の方がコミュニケーションは取りやすいものです。

　リモート営業では、画面越しのコミュニケーションになります。

　画面越しだとリアクションが小さくなりがちです。中には静止画のようにほぼ動かない人もいます。また、自分ではうなずいていると思っていても、相手に伝わっていないこともよくあります。こういった人たちとの話はほとんど盛り上がらないのです。こんな営業スタッフがいたらお客様は要望を話す気になれません。

　画面の向こうの相手に伝わるように、うなずきやジェスチャーを対面営業より大きくしましょう。

　イメージは"リアルの2倍"くらいでちょうどいいのです。

　またリモート商談では、いつもよりゆっくり話すことを心がけ

てください。イメージとしては "0.9倍の速さで話す" 感じです。

　リモート営業では、うなずきやジェスチャーなどのリアクションを大きくし、話すスピードを少しだけゆっくりしてください。時々、商談を録画してチェックするのもおススメです。

　画面の向こう側のお客様が話しやすい雰囲気を伝えましょう。

大事なリモート営業では リアル以上に服装にこだわる

　対面営業と違い、リモート営業では画面越しになるため、「身だしなみは多少気を抜いてもいい」と考える営業スタッフが結構いらっしゃいます。

　画面越しとはいえ、外見は気を使う必要があるのです。リモート営業だからといってラフすぎる服装はおススメしません。時々、パーカーやTシャツ姿の人がいますが、ちょっと引いてしまいます。

　男性の場合、正装しなくとも、せめて襟のあるシャツを着るようにしてください。

　女性でしたらビジネスにふさわしいブラウスなどを着るようにしましょう。

　また最近のパソコンやスマホのカメラは、画素数も上がり細かい部分まで映ってしまいます。寝ぐせはもちろん映りますし、ヒゲのソリ残しまではっきりと映し出されます。

　清潔感はリモートでも伝わるのです。

　以前、リモートで話をした男性の営業スタッフは"見るからにさっき起きました"といった風貌で登場しました。

　気取らない感じが好きという方もいるかもしれませんが、私はあまり好印象を持ちませんでした。

　やはりしっかりと身だしなみを整えている方の方が何倍も好感を持つのです。

　男性でしたら、しっかり髭を剃り、髪型を整えるようにしてください。

　女性でしたら、画面上で映えるメイクを学びましょう。メイクに詳しい知人から話を聞いてもいいですし、今はネットで検索すれば動画でご丁寧に説明してくれます。

　近い将来、"アバター"があなたの代わりに商談する時代が来るかもしれません。それまではリモート営業でもしっかりと身だしなみを整え、商談に臨んでください。

　お客様やクライアントに好印象を与えられるのはもちろんのこと、自分にも気合が入ります。

ワンポイントアドバイス
身だしなみを整える自分にも気を入れる

あなたをイケメン・美女に変えるワザ

カメラ、照明、角度、背景で
印象度を上げる

　リモートで営業を成功させるためのワザを紹介します。

　いくつか紹介しますが、まずはカメラと照明です。カメラ映りは光の当たり具合がポイントになります。自宅でノートパソコンを使っているのでしたら、移動して日光や照明が顔に当たる場所を探しておきましょう。逆光にならないよう商談前によく映る位置を探しておいてください。

　私の知人の女性はリモート映えするために、パソコンにライトを設置しています。部屋の照明だけで足りない時に光を足すために使っているといいます。さらにはパソコンのカメラ以外にも外部カメラを用意し、"自分が一番よく見える角度"に調整しています。実際Zoomでお話しする際、その女性だけ顔色や肌質がよく非常に魅力的に映し出させるのです。年齢も実際より最低でも10歳は若く見えます。

　"ノートパソコンで、下からのアングルで歳をとって見える角度の人"と"専用カメラで、いい角度でしかも明るさもばっちり映っている人"との差は天と地ほどの差になります。営業トークうんぬんより、これだけで勝負が決まりそうです。

　あなたをイケメン、美女にするためにカメラと照明、そして

"一番よく映る角度"を探しておきましょう。

ただしあまり加工をかけすぎるのはおススメしません。あとで、リアルで会った時のギャップが大きくなってしまうので……。

あとひとつ影響を及ぼすものがあります。それが背景です。これもリモートの商談においては、非常に大切です。

私は心理術の本も出しているのですが、その中で「クレショフ効果」という心理を紹介しております。

クレショフ効果とは、簡単に言うと"何と一緒に写っているかでその人の印象が決まる"といったことです。

例えばですが、リモートの商談の際"散らかった事務所"が映り込んでいたらどうでしょう?

「だらしなく、ものが管理できないのでは……」といったネガティブな印象を持ちます。

これでは画面には、せっかくよく映っているあなたが、台無しになります。

よくテレビのニュースなどで専門家の方に意見を聞く場面が登場しますが、ほとんどの方は"本棚をバック"にしています。一緒に写り込んだその本棚もその専門家の方たちの価値を上げているのです。もちろんバーチャル背景でも構いません。

いい背景を利用し、あなたを上手にブランディングしてください。

ワンポイントアドバイス
自分が一番よく映る方法を探しておく

カメラ付近に写真や画像を貼って商談する

　営業スタッフのNさんと、個人コンサルをさせていただいた時のことです。

　この方はほぼ100％リモート営業をしています。

　リモート営業で商談をする際、"画像をオフ"にしているお客様が多いと言います。「できればオンにしてください」とお願いするのですが、なかなか承諾してくれないというのです。

　相手の顔が見えないと気持ちが乗りにくくなります。

　リアクションも見えないので、上手くコミュニケーションもとりにくくなります。Nさんはそのことを悩んでいたのです。

　大学でリモートの授業をすると、学生のほとんどは顔を出しません。

　顔が見えないとちゃんと伝わっているか不安になります。

　その後、Nさんといろいろな方法を考えます。

　そのひとつが"パソコンのカメラ付近に、お客様の顔写真を貼り付ける"ということです。そうすれば気持ちが入りますし、相手に目線が合うようにもなります。

　このとき、「顔写真が手に入らないお客様の場合は？」といっ

た話にもなりました。

　そこで考えたのは、ネットでそのお客様に年代が近い人物の画像を検索するということです。画像で表示するのではなく、印刷してカメラ付近に貼る作戦にしたのです。さらに印刷した画像の下にお客様の名前を書くようにします。こうすればお客様の名前を間違えることもありませんし、気持ちも乗ってくるのです。

　それから1ヵ月後、「以前より断然話しやすくなったし、気持ちが込められるようになった」という報告をいただきました。リモート商談にも慣れ、どんどん結果を出しています。

　何もない画像を見て話をするより、イメージだとしても顔が見えた方がいいのです。
　Zoom商談で画像をオフにするお客様と話をするなら、カメラ付近に写真やイメージ画像を貼ってみてください。ずいぶんと話がしやすくなりますし、気持ちが乗るようになります。

ワンポイントアドバイス
カメラの方をしっかり見て話しをする

リモート商談の秘訣は"シンプルに説明＋具体例＋明確に指示"

お客様からアポイントが取れ、リモートで商談をします。

リモートだけに限りませんが、「この商談をどうしても取りたい」と思えば思うほど、上手く行かなくなるものです。気合が入り過ぎてしまい時間間隔が狂います。

知らず知らずのうちに、説明が長くなりがちに……。

自分では「5分程度の説明だろう」と思っていても、実際は20分近くも話し続けていることもあるのです。

対面での商談よりも、さらに画面越しでは長い話は伝わらなくなります。どんなに気持ちを込めて話をしても「わかりました、これで検討させていただきます」と、質問もなく、あっさりルームから退出されてしまうでしょう。そして二度とアポイントが取れなくなるのです。

これは気合が空回りする典型です。

こうならないように、要点を短時間でシンプルに伝えることを心がけてください。ひとつ何かを伝えたら具体例を話します。動画を見せながら、「こういった使い方ができます」と実際に使っている例を紹介します。

また、保険やコンサルなどの目に見えないサービスを提供して

いる場合は、「こういったお客様がいましてね。これでうまくいったんです」といったエピソードを紹介してもいいでしょう。

このように話を進めると、お客様は飽きずに聞いてくれますし、イメージも湧くのです。

リモート商談の成功の基本として、"シンプルに説明＋具体例"をセットにして考えて欲しいのです。

この基本を押さえた上で、やっていただきたいことがあります。

それは"明確に指示をする"ということです。

ある程度話を聞いて、お客様は「これはいいかも」と思ったとしても、何をどう検討していけばいいのかわかりません。

お客様に対して「このようにしていただけますか」と明確に指示するといいのです。

例えばですが、次の商談でローンの話をするなら「次回までに源泉徴収のコピーをご用意ください」と伝えます。

この3つのステップを意識して商談を進めてください。リアルでもリモートでも効果的な方法です。

ワンポイントアドバイス
事例や興味を引くエピソードを用意しておく

デジタルツールとアナログ ツールをハイブリッドさせる

　各業界でデジタル化が進み、時代が変わってきました。

　それは間違いありませんが、結果を出している人は"営業の基本的なこと"をしっかりと押さえています。それはベテランでも若い営業スタッフでも共通なのです。

　ある若い経営者の方から仕事のご依頼をもらった時のことです。

　20代前半で起業して成功した方で、見た目はうちの学生とほぼ変わりません。社会人経験はなく学生時代から起業していたと聞いていたので、どうしても「ビジネスマナーはイマイチなんじゃないか」といった固定観念を持っていたのです。

　しかし、実際お会いしたとたんそのイメージは吹き飛びます。

　マナーがしっかりできており、その辺りの30代、40代の営業スタッフよりよっぽど常識があるのです。

　この方との仕事が終わり、帰っている時のことです。

　FBのメッセンジャーで、「本日の研修ありがとうございました」というお礼のメッセージが届きます。それを見て「さすが気遣いができているな」と感じました。

　家に帰ってメールを開くと、そこに「今日の研修を復習し、

さっそく実行させていただきます。ありがとうございました」というお礼メールが届いています。

「二度もお礼をしてくれるなんて丁寧だ」とますます好感を持ちます。

これだけでも十分なのですが、さらに2日後にアナログツールのお礼状まで届いたのです。

これには驚きました。

好印象どころか、感動すら覚えたのです。

もしSNSとメールだけでしたらどうでしょう？

なかなかマメだなと思ったかもしれませんが、感動はしません。

その逆に2日後のお礼状だけだったらどうでしょうか？

お礼状が届くまでの2日間「お礼のひとつもないんだ」と思ったかもしれません。

デジタルツールのスピード感のある効果と、アナログツールの感動する効果を上手にハイブリッドさせているのです。

「これだ」というお客様に出会ったら、SNS、メール、ハガキのお礼のトリプルアタックで、いいギャップを与えましょう。

これは効果絶大です。

ワンポイントアドバイス
印象に残るお礼状を送る

リモート面接は"デジタル・ディバイド"で差がつく

　少し前まではデジタルツールに関して、「私はこういったものに疎くて……」と言っている中年の営業スタッフもいました。若いトップ営業スタッフでも「スマホは電話しか使っていない」なんて言う人もいましたが、今はずいぶん減ったようです。

　営業の世界でも"デジタル・ディバイド（デジタルツールを利用できる人と利用できない人との間にもたらされる格差）"の差がそのまま売り上げの差となって現れています。

　かつては営業成績と言えば、人たらし力、トーク力、クロージング力などで差がついたものです。

　リモートでもこういった営業力があるに越したことはありません。

　しかし、せっかくの営業力もデジタルツールを使いこなせないのでは、宝の持ち腐れになってしまうのです。

　例えば、お客様とリモートで商談していたとします。その音声が聞き取りにくかったらどうでしょうか？

　お客様によっては「マイクの環境が悪いようですね。調整しな

おしてください」と教えてくれるかもしれません。

　しかし、他にも選択肢がたくさんあります。

　多少聞こえにくかったとしても、「さっさと終わらせて次の営業スタッフから話を聞こう」ということになってしまうのです。

　そうならないためにも、デジタルツールを使いこなしておきましょう。

　使いこなすと言っても何も難しいことはありません。デジタルツールははじめこそ戸惑いますが、要は慣れの問題です。

　まずはプライベートで慣れておいてください。

　友達とZoomで話をしてもいいですし、同僚や部下に練習相手として付き合ってもらうのでもいいです。

　操作も数えるほどしかありませんし　短期間のうちに仕事でもスムーズに使えるようになると思います。

　余裕が出てくればお客様に「操作はわかりますか？」と確認したり、お客様が戸惑っていたりしたら「右下のボタンを押してみてください」と教えることもできます。

　これだけでもずいぶんチャンスが広がるのです。

　これから営業スタッフとして活躍し続けるならば、デジタルツールをうまく使いこなす技術が必要になってきます。

　苦手だと思っている方もこれを機会にぜひマスターしましょう。

ワンポイントアドバイス
よく使う機能だけに絞って覚えておく

第10章

メンタルタフネス・
モチベーションアップの
コツ

いいこと
リスト

♪

テンション
上がる〜ぅ

ピンチの時は「よっし、これは チャンスだぞ」と、ニヤリと微笑む

　遠巻きにトップ営業スタッフを見れば、「いつも順調で悩みもないんだろう」と羨ましく思うかもしれません。私自身もずっとそう思っていました。

　ある時、異動でトップ営業スタッフと一緒に働く機会が訪れます。

　近くで働いてみてすぐに、"いつも順調だ"ということが幻想だったとわかります。

　実際はイメージとは異なり、誰よりも多く悩みや問題を抱えているのです。

　ただ、その悩みや問題の捉え方が私と違いました。

　トップ営業スタッフは、悩みや問題をネガティブに捉えていません。それどころかなぜか嬉しそうにニヤリと微笑んでいたのです。

　例えば大事な商談に失敗しても、「なるほど、このタイミングでクロージングすると上手くいかないんだな。次から注意しよう」と、ヒントにします。

　また、お客様からのクレームが発生しても、「これを上手く解決すれば信頼度が上がり紹介をもらえるぞ」とプラスに考えます。

　どんなことも、前に進む力に変えていたのです。

　営業活動をしていれば、調子がいい時期もあります。

　たまたま電話を取ったら「お宅の商品を導入したい」と言われたり、訪問したらタイミングよく話が進んで契約になったり……などなど。

　こういった時は、流れに任せておけばいい方向に進んでいくものです。

　しかし、こんな時期は長くは続かず、すぐに過ぎ去ります。

　一転して「あぁ、ツイてない。なんでこんな目に会わなくちゃならないんだ」という状況に追い込まれることになるのです。

　逆風の時こそ「この経験は後になってから生きてくるぞ」と考えるようにしましょう。

　多くの人から「この失敗があったからこそ気づきを得て成長できた」といった話をよく聞きます。

　私自身も訪問もテレアポもダメで、完全に営業活動に行き詰まったからこそ "営業レター" を考え出すことができました。

　当時の一番の悩みが後の大きな武器になったのてす。

　順風も逆風も前に進む力になる。

　そう考えれば、良くない状況もポジティブに捉えられます。

ワンポイントアドバイス

ピンチはチャンスだと目立つところに書いて貼っておく

結果に対してはプラス思考、時間はマイナス思考

　トップ営業スタッフは物事を考える際、「いろいろあるけど何とかなるさ」と前向きに考えるものです。とくにすでに出てしまった結果に対しては"プラス思考"で考えます。

　例えば全力を尽くしたうえで"四半期の目標が1,000万円に対して600万円で終わった"としましょう。

　終わってしまったものはクヨクヨ考えていても仕方がありません。反省するべき点を反省したら、「600万円もできたじゃないか。次、頑張ればいい」と前向きに考えた方がいいのです。

　どんな結果になったとしても「やることはやったんだ、これでいい」と捉え、その中でプラスの部分を見つけて納得します。

　その方が精神衛生上も好ましいです。

　しかし、トップ営業スタッフも、時間に関しては"マイナス思考"で考えています。

　時間に対して「まあ、このくらいの時間で間に合うだろう」とプラスに考えている人は遅刻しがちになるものです。

　トラブル、不測の事態など、途中で何が起こるかわかりません。

　実際、ギリギリに向かう時に限って前の車が遅かったり、他の

お客様から電話がかかってきたりといったことが起こります。

　そうならないために、時間については「もしこんなことが起こったら困る」といったようにマイナスで考え、いろいろと保険をかけておくといいのです。

　結果に対してはプラス思考、時間はマイナス思考。

　これをぜひ覚えておいてください。

電車遅れま〜す

ワンポイントアドバイス
時間に関しては、いろいろ保険をかけて考える

"敗戦から学ぶことの方が多い"と自分に言い聞かす

　営業職は数字がハッキリと表れます。

　早い話、一番売った人がトップであり、一番売らない人が最下位ということです。

　しかも結果が出ないのは、誰のせいでもなく自分の責任です。

　それを十分理解しながらも、多くの人は負け惜しみをします。

　過去の私は、まさにその典型でした。

　後輩が結果を出したと聞けば、「どうせ汚い手を使ったんだろう」と言ったり、「運がいいだけだろう」と難癖をつけたりします。

　これは明らかな負け惜しみであり、何のメリットもありません。結果を出した人を否定すればそこから何も学べなくなります。

　また、お客様から断られた際、「あのお客様は神経質でうるさい人だからなぁ。決まらなくてよかった」などと言っていました。まわりの人への照れ隠しもあったかもしれません。

　そうではなく、「今回のお客様は全力を尽くしたが、今の自分の実力では歯が立たなかった」と言うべきだったのです。

　負けを認めた瞬間、敗戦経験から多くのことが学べます。

　こうなれば商談を振り返り、「説得力が弱いので、次回は資料

を整え、しっかりツールを用意してから臨もう」などと、敗戦経験から学び、成長できるようなります。

　トップ営業スタッフは敗戦した際、絶対に負け惜しみを言ったりしません。どんな厳しい断りを受けても「今回のお客様とは縁がなかったが、非常に勉強になった」といった言い方をします。
　だからこそ、商談をこなすたびに学び、そして成長していくのです。

　営業スタッフとしては、すべてのお客様から契約をいただけるのが一番いいことです。
　しかし、どんなに凄い実力を持っていても無敗ではいられません。その経験を生かすか、それとも無駄にするかの違いは今後大きな差になって現れます。

　多くのトップ営業スタッフも、はじめから連戦連勝だったわけではありません。ひとつひとつの敗戦経験を生かし、血肉としてきました。少しずつ経験を積み上げ、ダントツレベルの実力を身につけたのです。
　敗戦した際、負け惜しみを言いそうなところをグッとこらえ、素直に認めましょう。
　それを続ければ、必ずあなたの営業力は上がっていきます。

ワンポイントアドバイス
負け惜しみを言った瞬間、営業力の向上がストップする

状態が悪い時は"既に買っていただいたお客様"に電話をしてみる

　トップ営業スタッフ時代に、ひとつの失敗商談からスランプに陥ったことがありました。ダメ営業スタッフ時代の自分に逆戻りした感じです。焦りが伝わり、いいお客様も逃すようになっていました。契約が取れない日々が続き、精神的にも追い込まれ、体調まで悪くなったのです。

　そんな状態で、あるお客様と商談していた時のことです。

　競合も多く苦戦を強いられていました。

　こんな時こそプラス思考がいいのでしょうが、何せ調子が悪く、まったくいい方向に考えらなかったのです。

　半ばあきらめていた時、幸運が訪れます。

　このお客様との商談中に、私が担当させていただいたオーナーAさんとばったり会ったのです。私を信頼して契約していただいた、大切なお客様です。

　Aさんは私と商談中のお客様に丁寧に挨拶してくれた上に、「菊原さんだからお願いしたんですよ」と言ってくれたのです。

　この一言は非常に大きく「どの会社にお願いしようか……」と迷っているお客様にとっては、非常に影響力のある言葉でした。

　営業スタッフが、いくら「私は最高の営業スタッフです！」と言っても信用しません。しかし、第三者からで、それも実際のお客様から目の前で言われると大きいのです。

　これが決め手になり、翌週、無事に契約となりました。

　久々に契約を上げられたという安堵感もありましたが、何よりも一番大きかったのは、Aさんの"菊原さんだからお願いしたんですよ"という言葉です。

　この言葉にどれだけ勇気づけられたかわかりません。

　仮にこのお客様の商談がダメになったとしても、きっといい状態に向かったでしょう。

　こういった一言が、悪いスパイラルから抜け出すきっかけとなるのです。

　私の知人で生保のトップ営業スタッフも、「ちょっとでも不調を感じたらご契約いただいているお客様に電話する」と言っていました。

　実際のお客様からの温かい言葉ほど勇気づけられるものはありません。こうして常にいい状態に戻すようにしているというのです。

　トップ営業スタッフは、いち早くスランプから抜け出す手段を用意しています。ご契約いただいたお客様はあなたの味方であり、最高の財産です。

ワンポイントアドバイス
困った時はお客様に助けてもらう

後輩が落ち込んでいたら、「大丈夫だ、何とかなる」と言ってあげる

　契約をいただいたお客様は財産です。

　しかし、営業スタッフの中には「まだ契約を取っていない」、もしくは「助けてれくれるお客様なんかいない」という方もいるかもしれません。

　そんな場合の代替案をご紹介します。

　その方法とは"他人を応援する"といった方法です。

　こう聞いて「自分に余裕がない時に他人なんか応援する気になれないよ」と思ったかもしれません。

　過去の私も「そんなキレイごとを言われてもなぁ」と否定的だったのです。

　ある時、応援する効果について実感したことがあります。

　仕事先の方とのゴルフの時のことです。

　ゴルフはメンタルが大きく影響するスポーツです。さっきまで好調だったと思うと、ちょっとしたミスからどんどん悪い方にハマっていくことがあります。

　この日も案の定、ミスが続きドツボにハマっていました。

　友達とならまだしも、仕事先の方とのゴルフです。ふて腐れな

がらやるわけにはいきません。どんなに自分の調子が悪くても、他の人のショットを褒めるしかなかったのです。

人のことを褒めたり応援したりすると不思議と元気になります。

気分が変わり、あっという間に悪い状態から抜け出せたのです。

応援されるより応援している人の方が元気になる、これはスランプから抜け出すための重要なポイントです。

営業活動で言えば、“悪い状態の時こそ近くの営業スタッフを応援する”ということになります。

同僚が上手くいったら「よかったじゃないか！」と自分のことように喜び、また後輩が落ち込んでいたら「大丈夫だ、すぐにいいお客様が見つかるから」と言ってあげるのです。

悪い状態の時こそ意識的にまわりを褒め、悪い状態からいち早く抜け出しましょう。

悪い時期が短くなれば、必然的に成績は上がっていくものです。

ワンポイントアドバイス
調子の悪い時こそ近くの人を応援する

思わず嫉妬する
ライバルの対処法

　先ほどの項目で他人を応援する効果についてお話ししました。

　とはいえ、負けたくないライバルが結果を出して平常心でいられるといった、仏のような人は少ないものです。口では「今期は5,000万の売り上げかぁ、やるじゃないか」と言いながら、心では「チクショウ、何であいつが……」と思ったり、さらには「トラブルになればいい」などと思ったりするものです。

　競争心がある人であれば自然な感情でしょう。

　しかし、うまく行った人に対して悪く思えば、自分の無意識に対して"うまく行かない方がいいんだな"と悪い刷り込みをしてしまいます。潜在意識は人称（私、あなた、その他）を認識できないからです。ライバルが結果を出した上に自分が自滅したのでは、ますます差がついてしまいます。

　これは明らかな悪循環になります。

　ここでひとつ、私から嫉妬心を消すためのいいワザをご提案します。

　嫉妬心が湧き出してきたら、そのライバルについて少しだけ褒

めるということです。

　直接、本人に伝えなくても構いません。家族でも友人でもいいので、ムカッとくるライバルついて「知り合いの〇〇さんはけっこうやる人なんだよ」と話をします。

　こう話した瞬間、スッと悪い嫉妬心が消えていくのです。

　はじめのうちは「あの人はそんなに嫌いじゃない」といった一言から始めても構いません。とにかく嫉妬してしまうライバルについてポジティブに発言してみてください。それがあなたの潜在意識にいいイメージとして刷り込まれます。

　気づけば同じような結果が出るようになるのです。

ワンポイントアドバイス
ライバルの"裏褒め"をしてみる

ここ一番の商談の前に「緊張したほうがいい」と思う

　結果を出している人というと、"常にアドレナリンが出ていてハイテンションだ"というイメージを持つ人もいるかもしれません。

　実際はそうではなく普段は非常に穏やかです。

　ただしお客様との商談の直前になるとスイッチを入れて集中力を高めます。普段は力をセーブしているからこそ、いざという時に力が発揮できるのです。

　この話を聞いて、「スイッチを入れたとたん緊張して舞い上がってしまう」と言う人もいるかもしれません。

　その気持ちはよくわかります。なにしろ私は、ずっとそれに苦しんできたのですから……。

　直前までどんなにリラックスしていたとしても、お客様の顔を見たとたんに緊張してしまいます。舞い上がってしまい、余計なことを口走り大失敗。そんな経験を何度も何度も繰り返してきたのです。

　その後も本を読んだりして、緊張しない方法を探していました。

　セルフコントロールの本を読んで「リラックス、リラックス……」と言い聞かせても、体は逆の動きをします。結局、さらに緊張してしまうだけでした。

　そんなある日、尊敬している先輩が「へんにこなれた感じの営業よりは、少し緊張したほうが印象はいいんだよ」とアドバイスしてくれました。

　その後、商談では無理にリラックスしようとせず「緊張したほうがいい」と思いながら臨んだところ、いっきに気持ちが楽になります。以前より断然緊張しなくなったのです。

　自分にプレッシャーをかけ過ぎてしまうと、いい結果につながりにくくなります。

　とくに、どうしても取りたい商談では緊張するものです。

　商談前に心臓がドキドキしだしたら「緊張するのは真剣な証拠だし、緊張した方がいい」と考えてください。そう考えるだけでも気持ちは楽になり、ここ一番で力を発揮できるようになるのです。

　「緊張しないようにするぞ」と思えば思うほどハマってしまいます。逆に「緊張した方が好印象を与えられる」と思えばリラックスできるのです。

ワンポイントアドバイス
緊張はいいことなんだと認識する

手帳かスマホに "いいことリスト" を作成する

　あなたはモチベーションを上げるために、どんな工夫をしているでしょうか？

　こう聞かれて「こんな工夫をしていますよ」と即答できる人は成績が優秀な方でしょう。

　多くの営業スタッフはマイナス思考です。

　1日の活動の中に、いいことがあるのにもかかわらず、「あぁ、今日もクレーム対応かぁ……」と真っ先にネガティブなことにフォーカスしてしまいがちになります。

　私自身も、ずっと朝から暗いことばかり考えていました。

　これではモチベーションは上がりません。

　できれば毎朝いいスタートを切りたいものです。

　そこで1〜2分時間を取って、"いいことリスト" を作成することをおススメします。

　手帳に書いてもいいですし、スマホのメモに入力しても構いません。書く内容はとにかく見ただけでモチベーションが上がるものにしてください。

　契約が取れたのであれば "○○様とご契約！" と、リストに書

きます。契約が取れた日だけでなく、飽きるまで毎日書き続ける
のです。

　他にも、
- お客様から褒めていただいた
- スタッフが協力してくれた
- 上司から評価された　　　　　　などなど。

　仕事だけでなく "SNSのいいね！がたくさんついた" といった
ことでもいいのです。

　寝る前に２つか３つ書き出してください。

　そして翌朝、それを見て「よっし、やるぞ」と口に出すのです。

　たったこれだけで、朝からモチベーションは上がっていくもの
です。

ワンポイントアドバイス
いいことリストを見て「よっし！」とガッツポーズをとってみる

感謝は思っているだけでなく 必ず形にする

　心理術のひとつに「返報性の原理」というものがあります。

　返報性の原理とは、人から受けた好意などに対し、それと同等のお返しをしたいと感じる心理のことです。

　例えば、友人から何かプレゼントをもらったら、「同じような金額のものを返したい」と思うはずです。普通はもらいっぱなし、というのは気持ちが悪いものです。

　この返報性の原理の感覚がズレていると、非常にマズいのです。

　あなたの近くにもらいっぱなしで何も返してくれない、といった人がいませんか?

　こういったタイプはだんだんと距離を置かれ、そのうちに誰からも相手にされなくなります。

　私の古い知人にもこういった人が何人かいましたが、見事に消えたのです。

　ダメ営業スタッフ時代の私は、「急ぎで申し訳ありませんが、今日中に見積りを出してください。ぜひお願いします!」とスタッフに無理を言います。

　頼む時は必死です。

　しかし、やってもらった時はどうでしょう？

　必死に頼んだにもかかわらず、"喉元過ぎれば"でその後恩を忘れてしまいます。お礼もろくにしません。その時はお礼メール一本も送らなかったのです。

　感謝していなかったわけではありません。

　心の中では「いつもありがたい」と思っていたものの、それを伝えていませんでした。

　これでは、次に協力しようとは思わなくなります。

　こうしてスタッフからそっぽを向かれるようになったのです。

　私が尊敬していたトップ営業スタッフは、感謝をきちんと表現する人でした。頼んだ後は手厚くお礼をします。

　以前、そのトップ営業スタッフの仕事を手伝ったことがあったのですが、わざわざ時間を取って足を運び「本当に助かったよ、ありがとう」と丁寧にお礼を言ってくれました。その上、ランチまで御馳走してくれたのです。

　それ以降、「この先輩からお願いされたら喜んで引き受けたい」と思ったものです。

　一匹狼で長く活躍した人はいません。

　常に感謝を伝え味方をどんどん増やしましょう。

ワンポイントアドバイス
お礼し忘れた人に「あの時はありがとうございます」とお礼を伝える

どんな状況でも「もっと良くなりたい」と思って行動する

　定期研修でお会いした営業スタッフMさんとのことです。

　全6回の研修の4回目のときに私のところへ来て、「今までこういった研修を受けて行動したことはありませんでしたが、今回は実行しています」と言ってきます。そして作成した“お役立ち情報”を見せてきたのです。

　精度は高くないものの、「なんとか向上したい」という熱意は感じました。

　いろいろアドバイスをするとそれを真剣に書き留めます。

　それから毎回、私の所へ来て報告してくれるようになったのです。

　それまでのMさんはやる気も見られませんでしたし、存在感はあまり感じませんでした。しかし、研修の最後の方ではいい目をしていましたし、魅力的なオーラを感じたのです。

　それから3カ月後、Mさんは結果を出しました。

　しかもダントツのトップ営業スタッフになったのです。

　知人の経営者にお会いした時のことです。

　60歳を過ぎたころから健康診断の数値が悪化してきます。今

までの悪習慣のツケがまわってきたのです。

　腕まわりは細くなり、お腹だけ立派になった感じに……。奥さんや娘からも避けられるようになっていたと言います。

　そこで知人は心を入れ替えます。毎日朝早くから起きて運動しています。ウオーキングから始まり、ウエイトトレーニングもしているというのです。

　それからは体質が変わり、健康診断の数値も一気に改善。体が引き締まり家族から褒められるようになったのです。

　先日お会いした時は、10歳も20歳も若返ったように見えました。なにより、何とも言えない魅力を感じたのです。

　年輩であっても、若くても関係ありません。

　人は、「今よりさらに成長したい」と努力している人に魅力を感じます。

　その逆に、今、成功していても「現状維持でいい」という人からはオーラも魅力も感じないのです。

　あなたは今、どんな状況でしょうか？

　「営業成績が上がらない」、「将来的が不安だ」という方もいるでしょう。

　どんな状況だとしても、この本を読んで何かを変えたいと思っていることには変わりはありません。

　それだけでも、十分魅力的なのです。

ワンポイントアドバイス

この本を読んで、ひとつでもいいので実践する

営業活動を楽しめる人に幸運は訪れる

　ゴルフ仲間のＡさんのことです。

　Ａさんの長年働いていた会社が合併し、それによってリストラされます。どう聞いても「このリストラはひどすぎる」と思う話でした。

　しかし、Ａさんは前向きです。

　その後、Ａさんは厳しい条件の営業職として再就職します。前職が技術職ですからまったくの畑違いです。不安もあったでしょうが、「ここでまた新しい経験ができるし……」などと本気でワクワクしていたのです。

　それからしばらくしてのことです。

　Ａさんとお会いすると、目をキラキラさせて「営業って楽しいのですね。ほんとリストラになって良かったですよ」と言ってきました。順調に結果も出しているようです。

　営業が楽しかったから結果が出たのか、結果が出たから営業が楽しくなったのか。どちらが先かはわかりませんが、「営業が楽しい」と思えることはとても大切なことです。Ａさんがこの気持ちを忘れない限り、結果を出し続けるでしょう。

　ここで聞いていただきたい話があります。

　営業で結果を出した後、落とし穴が待っているということです。

　結果を出して称賛される。

　これは誰だって嬉しいものです。

　「その気持ちをもう一度味わいたい」、それがモチベーションになったりします。

　それが"毒まんじゅう"になる危険性があるということを忘れないで欲しいのです。

　毒まんじゅうとは「魅惑的だが身を害するリスクが伴う物事」として例えられるものです。

　結果にこだわり過ぎると、楽しかったはずの営業活動が「何としても結果を出さなくてはならない」といった感情に変化していきます。

　そのうちに「他人を蹴落としてまでもトップを取る」ですとか、「ちょっとくらいズルをしてもいい」などと思いはじめます。

　こうなったら危険信号です。

　今まで楽しくてやりがいがあった仕事も、いつの間にか苦痛になってしまうのです。

　さらにはお客様に対して、ごり押し、ねじ込み、隠しごとをして契約、といったことをするように……。こういったことをしだすと売れなくなりますし、売れてもクレームをたくさん抱えることになります。

　こうなれば赤信号。間違いなくスランプに陥ることになります。

　人に評価されるとかではなく、"営業をすること自体が楽しい"といった気持ちを忘れないでください。「楽しくやって結果が出ればもうけもの」くらいでちょうどいいのです。

　こういった考えの方が長く結果を出し続けられます。

　今、いろいろ大変な状況にある営業スタッフも少なくありませ

ん。「営業活動を楽しむことなんて無理だよ」と思う人もいるでしょう。

　どこか一部でもいいので、とにかく楽しみながら営業活動をして欲しいのです。

　「営業すること自体が楽しい」と前向きにチャレンジする人には必ず幸運が訪れます。

　あなたの成功を心より願っております。

　最後までお付き合いいただきましてありがとうございました。

　またいつも私の本を買ってくださる方、毎日ブログを読んでいただいている方、研修などご依頼いただく企業様に心より感謝いたします。

　この本は企画から編集まで、黒川さんに大変お世話になりました。心より感謝いたします。さらに、より一層イメージがわきやすいイラストを描いてくださった"こつじゆい"さんにも感謝いたします。

　最後に、家族へ感謝の言葉で締めさせていただきます。

　いつも本当にありがとう。

　2023年5月

　　　　　　　　　　　　　　　　　　　　菊原智明

有料メルマガ 特別プレゼント

◆ ◆ ◆ ◆

　このたびは『営業スキル100の法則』を読んでいただきましてありがとうございます。

　感謝の気持ちを込めて【有料メルマガ5回分（約1,000円相当)】をプレゼントさせてください。ご登録いただいてから2日おきに5回にわたり無料でお送りさせていただきます。

第1回　AIが主流になっても必要とされ続ける人材になる方法
第2回　クロージングレター進化バージョンを活用せよ
第3回　ゾーンの入り方とその状態を長引かせる方法
第4回　トップ営業はセールスしてきた人から契約を取る
第5回　契約後の火種を完全に消し去り、他社情報に詳しくなる方法

どのテーマもマニアックで興味深い内容です。
この本とあわせて参考になさってください。
どうぞよろしくお願いいたします。

菊原智明

■『営業スキル100の法則』読者限定プレゼント入力フォーム
https://1lejend.com/stepmail/kd.php?no=dnfUEvA

菊原智明（きくはら ともあき）

営業サポート・コンサルティング株式会社　代表取締役
・営業コンサルタント
・関東学園大学　経済学部講師
・一般社団法人営業人材教育協会理事

群馬県生まれ。大学卒業後トヨタホームに入社し、営業の世界へ。「口ベタ」、「あがり症」に悩み、7年もの間クビ寸前の苦しい営業スタッフ時代を過ごす。「対人恐怖症」にまで陥るも、"訪問しない" "お客様に望まれる" 営業スタイルを確立。突如、顧客の90%以上から契約を得て、4年連続トップの営業スタッフに。約600名の営業スタッフの中においてMVPを獲得。2006年に独立。営業サポート・コンサルティング株式会社を設立。現在、経営者や営業スタッフ向けのセミナー、研修、コンサルティング業務を行っている。【営業力検定】が取得できる営業通信講座のクライアントの数は卒業生も含め既に1,000名を超えている。2010年より関東学園大学にて学生に向け全国でも珍しい【営業の授業】を行い、社会出てからすぐに活躍できるための知識を伝えている。また一般社団法人営業人材教育協会の理事として営業を教えられる講師の育成にも取り組んでいる。2023年までに75冊の本を出版。ベストセラー、海外で翻訳多数。主な著書に『訪問しなくても売れる！「営業レター」の教科書』（日本経済新聞出版社）、『売れる営業に変わる100の言葉』（ダイヤモンド社）、『面接ではウソをつけ』（星海社）、『5つの時間に分けて仕事をサクサク片づける』（フォレスト出版）、『トップ営業マンのルール』『「稼げる営業マン」と「ダメ営業マン」の習慣』『〈完全版〉トップ営業マンが使っている　買わせる営業心理術』『残業なしで成果をあげる　トップ営業の鉄則』、（明日香出版社）、『営業1年目の教科書』『営業の働き方大全』（大和書房）、『リモート営業で結果を出す人の48のルール』（河出書房新社）、『仕事ではウソをつけ』（光文社）、『テレワーク・オンライン時代の営業術』（日本能率協会マネジメントセンター）などがある。

基本を押さえて、確実に結果を出す

営業スキル100の法則

2023年6月10日　初版第1刷発行

著　者——菊原 智明　　ⓒ 2023 Tomoaki Kikuhara
発行者——張 士洛
発行所——日本能率協会マネジメントセンター
〒103-6009 東京都中央区日本橋2-7-1　東京日本橋タワー

TEL 03(6362)4339(編集)／03(6362)4558(販売)
FAX 03(3272)8127(編集・販売)
https://www.jmam.co.jp/

装　　丁——冨澤 崇（EBranch）
イラスト——こつじゆい
本文DTP——株式会社森の印刷屋
印刷・製本所——三松堂株式会社

ISBN 978-4-8005-9110-4　C2034
落丁・乱丁はおとりかえします。
PRINTED IN JAPAN

100の法則シリーズ